383

Merve Verlag

Ralph Heidenreich / Stefan Heidenreich

Forderungen

Merve Verlag Berlin

Originalausgabe

Redaktorat: Tom Lamberty, Max Peukert

Printed in Germany
Druck- und Bindearbeiten: Dressler, Berlin
Umschlagentwurf: Jochen Stankowski, Dresden
ISBN 978-3-88396-324-2
www.merve.de

Inhalt

Einleitung

Forderungen weisen nach vorne. Daher handelt unser Buch von Aussichten auf etwas Künftiges. Im ersten Kapitel geht es um das, was uns droht, wenn sich nichts ändert, und die Dinge so weiterlaufen, wie sie laufen. Das dritte Kapitel stellt dem drei utopische Modelle gegenüber. Der kurze Mittelteil betrachtet die Frage des Übergangs, also wie wir überhaupt von der gegenwärtigen Wirtschaftsordnung zu einer anderen kommen können.

Es gibt zwei Sorten von Forderungen. Solche, die an uns gestellt werden, und solche, die wir selbst stellen. Zahlungsforderungen gehören zu der Sorte von Forderungen, die an uns gerichtet werden. Sie sind der Rohstoff unserer gegenwärtigen Ökonomie. Nicht weil sie beglichen werden sollen – denn das würde der Vernichtung von Geld entsprechen – sondern weil sie selbst wieder als Geld zählen und als Forderungen in die Zukunft zeigen. In den Zahlungsforderungen verwandeln sich künftige Einnahmen in gegenwärtigen Wert. Hier liegt der Kern eines scheinbaren Widerspruchs, der die große Vermögensvermehrung unserer Zeit möglich macht. Je geringer unsere Erwartungen an die Zukunft werden und je weiter damit die Zinsen gegen Null fallen, desto höher rein rechnerisch die Vermögen, die sich aus der gleichen Zahlungsforderung ableiten lassen. Bei Zinserwartungen gegen Null streben die Vermögenswerte gegen unendlich.[1] Diesem Verhältnis von Hoffnungslosigkeit und gleichzeitigem Reichtum entspricht die Dystopie, auf die wir zustreben. Der Finanzfeudalismus unserer Zeit erwächst aus dem Gegensatz von riesigen Vermögen und absoluter Armut. Er teilt die Welt

[1] Mit negativen Zinsen haben wir den Definitionsraum eines ins Unendliche gedachten diskontierten Wertes längst verlassen. Wir befinden uns in einem künstlichen Finanzparadies, das das eigene Ende schon mitkalkulieren muss, weil es seine Vermögen nur noch aus endlichen Zahlungsreihen aufsummieren kann.

auf in Risikogebiete zerfallender Staaten und befriedete Zonen scheinbaren Wohlstands, regiert von Postdemokratien unter ökonomischem Zugzwang und datenbasierten Überwachungsprogrammen.

Gegen dieses Regime der großen globalen Finanzinteressen kann uns keine Revolution helfen. Längst sind Staaten und Regierungen zu ausführenden Organen geworden. Die vermeintliche Freiheit der Netzwerke ist der Überwachungsmaschinerie von großen privaten Plattformen und schon kaum mehr staatlich zu nennenden Geheiminstitutionen gewichen. Aber etwas ereignen muss sich doch, denn die ökonomische Lage ist nicht haltbar, weder von der Ungleichverteilung der Reichtümer her, noch wegen der Risiken des nach der Krise nur größer und unstabiler gewordenen Finanzsystems. Was als ökonomische und gesellschaftliche Utopie erreicht werden kann, liegt in den Routinen der Verwaltung bereits vor. Es muss nur gelingen, das technisch und administrativ Mögliche von den Zwängen der schlechten Regierung zu befreien.

Was können wir in dieser Lage fordern? Wenn Utopien immer auch Verwaltungsphantasien sind, dann gibt es für jede der drei großen Verwaltungen die ihr angemessene ökonomische Utopie: für den Staat die Utopie der Arbeit für alle, mit Jobgarantie, für die Vermögen das *helicopter money* als Grundeinkfommen und für die Netzwerke die Utopie einer Ökonomie ohne Geld.

Biberach an der Riss / La Specchia, September 2015

Die Herrschaft der Teufel

Die Teufel

In seiner Schrift »Zum ewigen Frieden« behauptet Immanuel Kant, dass es selbst einem Volk von Teufeln, wenn sie nur vernünftig handeln, gelingen kann, und sogar muss, einen gemeinsamen Staat zu errichten. Selbst dann, wenn keines dieser rational handelnden Wesen davor zurück schreckt, jederzeit alle Regeln zum eigenen Vorteil zu brechen. Die Nähe zur real existierenden Finanzwelt liegt auf der Hand.

»Das Problem der Staatserrichtung ist, so hart wie es auch klingt, selbst für ein Volk von Teufeln (wenn sie nur Verstand haben) auflösbar und lautet so: Eine Menge von vernünftigen Wesen, die insgesamt allgemeine Gesetze für ihre Erhaltung verlangen, deren jedes aber insgeheim sich davon auszunehmen geneigt ist, so zu ordnen und ihre Verfassung einzurichten, dass, obgleich sie in ihren Privatgesinnungen einander entgegen streben, diese einander doch so aufhalten, dass in ihrem öffentlichen Verhalten der Erfolg eben derselbe ist, als ob sie keine solche böse Gesinnungen hätten.«[2] Ohne die Einzelheiten dieser Regierung genauer auszuführen, fordert Kant nur, fast wie in einem mathematischen Beweis, dass es eine Lösung geben müsse.

Kants Teufel waren die feudalen Herrscher jenseits von Recht und Regeln, die ihrerseits aber doch Gesetze und Verwaltungen brauchten. Die Entstehung der Rechtsstaaten gegen die Willkür des absoluten Herrschers findet eine historische Parallele in der Selbstregulierung der Banken und der Gründung der Zentralbanken, um Banken gegen Instabilitäten im Kreditgeschäft abzusichern. Um miteinander handeln zu können, müssen die

---

[2] Immanuel Kant, »Zum ewigen Frieden. Ein philosophischer Entwurf«, in: Ders., *Zum ewigen Frieden und andere Schriften*, Frankfurt a. M. 2008, S. 152-204, hier S. 178f.

Beteiligten gemeinsamen Regeln folgen.[3] Alle gehorchen gleichermaßen dem Kommando »mehr Geld«, und sind bestrebt, fürs Erreichen dieses Ziels optimale Bedingungen zu schaffen. Dass die Regulierungen ständig unterlaufen werden und sich der Realität anpassen müssen, widerspricht nicht grundsätzlich der Möglichkeit einer Lösung. Das Regelwerk muss nur beweglich bleiben. Es verschafft mal dem einen, mal dem anderen mehr Vorteile, steckt aber immer für alle das gleiche Spielfeld ab.

Herrschaftsmodell

Man hört aus den herrschenden Kreisen selten, wie sie sich ihre weitere Herrschaft vorstellen. Als die letzte große Krise gerade am Horizont heraufzog, veröffentlichte Chris Dialynas, seinerzeit Direktor von PIMCO, einer der weltgrößten Vermögensverwaltungen, ein Papier zur künftigen Weltordnung.[4] Die Eckpunkte sind rasch aufgezählt.

Die USA sind gegenüber China nicht konkurrenzfähig, vor allem der hohen Arbeitskosten wegen. Also müssen die Löhne in den Vereinigten Staaten sinken und folglich auch der Lebensstandard, ungefähr um 40%. Erst dann können sie im globalen Wettbewerb wieder mithalten. Ohne eine große Krise lassen sich derartige ›Reformen‹ nicht erzwingen.[5] Die Krise bringt Arbeitslosigkeit und Einkommensverluste und füllt die Gefängnisse mit Leuten, die ihre Schulden und Steuern nicht zahlen können oder wollen. Eine solche soziale Notlage lässt sich nur von einem autoritären Regime kontrollieren. Um innere Aufrüstung, Polizeistaat und

---

3 Vgl. Ralph G. Hawtrey, *Good and bad trade. An inquiry into the causes of trade fluctuations*, New York 1970, Kap. 7.

4 Chris Dialynas, *Trouble ahead – trouble behind. Restructuring the Global Economy – A New Marshall Plan*, Newport Beach CA 2004.

5 Zum Gebrauch der Krisen für diese Politik vgl. Philip Mirowski, *Never let a serious crisis go to waste*, London 2014, S. 350.

Totalüberwachung führt daher kein Weg herum. Dass die entsprechenden Kontrollmaßnahmen längst in die Wege geleitet waren, wurde erst Jahre später dank Edward Snowden allgemein bekannt.

Was die Banken betrifft, hatte Dialynas offenbar die Möglichkeiten der Zentralbanken unterschätzt und die Krise tatsächlich so imaginiert, wie sie sich ohne deren Eingreifen entfaltet hätte. Die Maßnahmen der Federal Reserve (FED) haben die Krise merklich gedämpft, allerdings vor allem für einen kleinen Teil der Betroffenen, nämlich die Vermögenden. Es spricht nichts gegen die Annahme, dass die wirtschaftlichen und gesellschaftlichen Wirkungen den Rest der Bevölkerung mittelfristig in vollem Umfang treffen werden. Wir bewegen uns nach wie vor auf das von Dialynas skizzierte Szenario zu.

Arbeitszwang

Wer nicht arbeitet, ist selbst schuld, so der Konsens neoliberaler Theorien. Der Arbeitsmarkt funktioniere wie ein Markt für Äpfel. Wenn einer seine Äpfel nicht verkaufen kann, muss er sie eben billiger machen, bis er sie loswird. Zur Not geschenkt. Das gleiche soll auch für Arbeit gelten. Wer keine findet, preist sich gefälligst in den Arbeitsmarkt zurück. Um der Bereitschaft zur Selbstentwertung ein wenig nachzuhelfen, wurden staatliche Sozialsysteme in den letzten Jahrzehnten zu Anstalten für institutionalisierten Arbeitszwang umgebaut. Was einmal dazu gedacht war, Leuten, die von der Arbeitswelt abgewiesen werden, eine menschenwürdige Existenz zu sichern, gleicht nun organisierter Nötigung. Von Würde jedenfalls redet dort keiner mehr. Der einzelne Mensch gilt als verwertbares Material und wird als solches vermittelt. Seine Existenzform erlaubt keine eigenen Bedürfnisse mehr. Stattdessen trifft man auf die Eskalationsmaschinerie des »Förderns und Forderns«, zu Deutsch: der Belästigung und des Zwangs. Als erstes sieht sich der »Kunde« einer Reihe sogenannter »Maßnahmen« ausgesetzt, meist sinnlose Kurse, die in der Regel von Unausgebildeten gegeben werden. Rund um die Arbeitslosenämter hat sich eine Maßnahmenindustrie herausgebildet, deren eigentlicher Zweck darin besteht, ihre Opfer mit überflüssigem Unfug zu quälen.

Ziel ist es, die »Kunden« in einen Lebensentwurf zu zwingen, bei dem sie jede unterbezahlte Drecksarbeit – auf Hartzdeutsch: »Chance« – wahrnehmen müssen. Leiharbeitsfirmen haben das Recht, die ihnen überlassenen Arbeitskräfte zu nahezu jeder beliebigen Beschäftigung zu nötigen. Den Unternehmen ist das nicht unwillkommen, können sie doch einen Teil ihrer alten, teuren Belegschaft rauswerfen und danach wieder zu einem Bruchteil des vorherigen Lohns einstellen. Selbstbestimmung über das, was einer tun will, hat sich damit erledigt. Wer bei der Arbeit nicht spurt, wird ersetzt. Wer sich verweigert, der wird sanktioniert.

Im Ganzen hat man es mit einem Apparat der Entwürdigung, Bedrohung und Verrohung zu tun. Die düstere Stimmung des Arbeitszwangs strahlt auf die ganze Gesellschaft aus, vor allem die Mittelschicht, der vor dem Abstieg schaudert.[6] Fernsehshows berichten aus dem entwürdigten Leben und führen mit voyeuristischem Gruseln soziale Abgründe vor.[7] Doch die Gängelei braucht viel Personal. Nur wenn die Arbeitslosenzahlen niedrig sind, kann sich der »Betreuer« intensiv um seine »Kunden« kümmern. Das System skaliert schlecht. Sobald zu viele Arbeitslose zu versorgen sind, stockt der Apparat. Das alte Argument, die Arbeitslosen würden, wenn schon nicht zur Arbeit, dann wenigstens als Konsumenten taugen, zieht nicht mehr. Denn wenn die Dinge nur billig genug werden, wird sie schon jemand kaufen, irgendwo, weltweit – so die Doktrin. Auf den Konsumenten vor Ort wartet keiner mehr.

---

6 Vgl. Klaus Dörre, Karin Scherschel, Melanie Booth, Tine Haubner, Kai Marquardsen, Karen Schierhorn, *Bewährungsproben für die Unterschicht? Soziale Folgen aktivierender Arbeitsmarktpolitik*, Frankfurt a. M., New York 2013.

7 Vgl. Markus Metz und Georg Seeßlen, *Blödmaschinen. Die Fabrikation der Stupidität*, Berlin 2011.

Für die Entlohnung der Arbeit zahlt der mobile Faktor Kapital in global ausgelagerten Produktionsstätten ohnehin so gut wie nichts mehr. Deutschland hat mit Minijobs plus Hartz-IV Aufstockung gekontert, um die Lohnkosten so nah wie nur möglich an das globale Elend zu bringen. Andere Länder haben ähnliche Verfahren eingeführt oder werden dazu gedrängt. Wo man noch nicht so weit ist, werden Politiker und Unternehmer nicht müde, sogenannte »Reformen« zu fordern, im Klartext: die Verschlechterung von Arbeitsbedingungen und Löhnen. Den Lebensstandard zu vermiesen, gehört zum Programm, sonst könnte ja noch einer auf die Idee kommen, dass Arbeit sich nicht lohnte. Ziel ist es, Staaten dazu zu nötigen, Hungerlöhne mit den Resten der Sozialhilfe zu subventionieren, um sie noch unter die zum Überleben nötigen Beträge zu drücken. Aus Sozialleistungen für Bürger sind Subventionen und Investoren und Unternehmer geworden.

Die Fluchtwege aus der Zwangsarbeit hat man vorsorglich versperrt. Das Auswandern in die Subsistenz, das viele Aussteiger während der 1970er Jahre gewählt haben, geht kaum noch. Subventionierte und verbürokratisierte Agrarmärkte machen unabhängige Landwirtschaft uneinträglich. Niemand geht mehr in den Wald oder in die Wildnis, nach Portugal oder in die Pyrenäen, um sich eine Holzhütte zu bauen und von seinem Garten leben. Da Rückzugsmöglichkeiten dieser Art zunehmend versperrt sind, kann das System seine ganze Grausamkeit umso besser entfalten. Dazu gehören auch das Heraufsetzen der Grundkosten, wie etwa der Krankenkassenbeiträge, oder Kopfsteuern wie die Rundfunkgebühr, die ein Leben ohne Geld erschweren.

Wir haben es beim Arbeitszwang nicht mit einer Randerscheinung des sogenannten Arbeitsmarktes zu tun, sondern mit einem tragenden Pfeiler. Es herrscht das Kommando: Arbeite! Auch dann, wenn es keine Jobs gibt. Zu diesem Paradox der Arbeit tritt noch ein anderes, das der Waren. Zwar produziert die Welt nahezu alles im Überfluss, aber es muss uns trotzdem vorenthalten werden. Denn den Preisen und den Profiten zuliebe muss die Wirtschaft Knappheit simulieren.

Im Umfeld mittlerer Gehaltshöhen, soweit noch vorhanden, äußert sich der widersprüchliche Imperativ der Arbeit in Tätigkeiten, die zugleich kommod und stagnativ sind. Die Bezahlung stimmt, die Arbeit ist auszuhalten, aber es gibt nicht wirklich etwas zu tun.[8] Auch wenn Firmen versuchen, diese Formen der Arbeitsvermeidung zu unterbinden, machen sie sich doch in hierarchischen Organisationen besonders gerne breit, und zwar gerade dann, wenn der Druck erhöht wird und immer mehr Kontrolle eine immer genauere Dokumentation der Leistung fordert. Je geringer der Lohn, desto lästiger die Aufgaben, die Drängelei, die Drohungen und Existenzängste.

Dagegen sollen denen, die schon ganz am Boden liegen und nichts mehr haben, auch nichts mehr zu verlieren, weitere Drohungen Beine machen. Eine Eskalation ist jederzeit möglich, auch noch über die Kürzung aller Zuschüsse hinaus. Als Ausweg bleibt der sogenannte »informelle Sektor«. Flaschensammeln, Betteln, Straßenmusik, randständige Schwarzarbeit aller Art und ein wenig Kleinkriminalität helfen über die Runden.

Das Rechtssystem vieler Staaten wird auf diesen Rand der Arbeitswelt abgestellt, um die Menschen zurück in einen Markt zu treiben, selbst wenn sie dort kein Auskommen finden. Während hierzulande nur eine Entwürdigungsanstalt droht, wird in den USA eine Spur härter durchgegriffen. Derzeit erhalten erstaunliche 45 Millionen Menschen *food stamps*, das entspricht 15% der Bevölkerung.[9] Als weitere Eskalationsstufe sind Gefängnisse fester Teil des Systems. Sie bilden eine eigene Industrie. Wer dort landet, findet sich, seiner elementaren Rechte beraubt, in einer Lage wieder, die am ehesten mit der Sklaverei zu vergleichen ist.[10]

---

8 David Graeber »On the Phenomenon of Bullshit Jobs«, *Strike! Magazine*, Sommer 2013, S.10-11.

9 www.fns.usda.gov/pd/supplemental-nutrition-assistance-program-snap

10 Und rechtlich noch immer in deren Nähe angesiedelt: 1865 wurden im 13. Verfassungszusatz bei der Aufhebung der Sklaverei die Gefängnisse von sklavenähnlicher Zwangsarbeit ausgenommen.

Die Freiheitsberaubung der einen passt bestens zur Rhetorik der Freiheit auf der anderen Seite.[11] Denn beides gehört zusammen, die Freiheit des Stärkeren, des Reicheren, und die Zwangsmaßnahmen gegen all die, die das System ausspuckt. Kein Land, nicht nur der westlichen Hemisphäre, sondern der ganzen Welt, hält einen größeren Anteil seiner Bevölkerung in Haft als die USA. Mittlerweile befinden sich 2,2 Millionen Menschen wegen größtenteils kleiner Delikte im Gefängnis, wobei Schwarze viel häufiger betroffen sind als Weiße.

Unregierbarkeit

So, wie Politik heute aussieht, wird sie uns kaum helfen, einer Spirale der Abwertung zu entgehen. Mit der Weber'schen Rolle eines Stellenjägers[12] geben sich Berufspolitiker nicht mehr zufrieden. Von ihren mager besoldeten öffentlichen Stellen schielen sie schon von Anfang an auf eine besser bezahlte Karriere und dienen sich der Wirtschaft an, sowie ihnen ein wenig Macht gegeben wird.[13] Die Strippenzieher-Sozialisation der großen

---

11 Bernard E. Harcourt, *The Illusion of Free Markets*, Cambridge MA 2011, S. 221.

12 Max Weber, *Politik als Beruf*, Stuttgart 1992, S. 20.

13 James M. Buchanan Jr, *Prize Lecture: The Constitution of Economic Policy*, (1986) nobelprize.org, verweist auf Wicksells Dissertation von 1896: »Economists should cease proffering policy advice as if they were employed by a benevolent despot, and they should look to the structure within which political decisions are made.« Stattdessen gelte auch in der Politik: »methodological individualism, homo economicus, and politics-as-exchange«. Die einzigen verlässlichen Motive in diesem Rahmen sind egoistische: »net wealth, income, social position«. In Buchanans Welt ist das so in Ordnung: »This assumption does not place economic interest in a dominating position and it surely does not imply imputing evil or malicious motives to political actors; in this respect the theory remains on all fours with the motivational structure of the standard economic theory of market behavior.«

Parteien sorgt dafür, dass nur die erbärmlichsten Karrieristen durchhalten, die dann, kaum im Amt, keine Sekunde zögern, ihren Wählern in den Rücken zu fallen.

Allerdings ist das Regieren unter den gegenwärtigen Bedingungen eine undankbare Aufgabe. Unsere Staaten sind unregierbar, und zwar, weil sie noch Staaten sind, also an Grenzen gebunden, und daher Staatspolitik im immobilen Bereich stattfindet. Damit hat sie gegenüber den mobilen Finanzfaktoren immer schon das Nachsehen. Ihr Entscheidungsspielraum verengt sich auf lokale Fragen, die grundsätzlich dem Standortwettbewerb unterliegen, wie Schulen, Infrastruktur, Polizei, Kultur. Die Kosten müssen niedrig sein, die Effizienz im Sinn der Standortfaktoren und des Wettbewerbs hoch. Universitäten werden zu Profitcentern, Verkehrsbetriebe zu Investmentgelegenheiten. Vergesst Versorgung. Alles privatisieren, was geht.

Dem politischen Betrieb bleiben unter diesen Umständen genau zwei Aufgaben. Einmal sollen Angebote entwickelt werden, die Investoren anlocken. Indem man etwa durch Gesetzgebung aus einem freien öffentlichen Service ein knappes Gut macht, und damit eine Investitionsgelegenheit. Für den Markt und die Investoren muss das bestmögliche Umfeld gesichert werden.

Zum anderen stellt sich der Politik im Alltag die Aufgabe, bereits getroffene Entscheidungen den Bürgern noch einmal als eigene Wahl zu verkaufen. Die repräsentative Demokratie hat ihre Verfahren zu diesem Zweck optimiert. Im Wahlkampf reduzieren sich Sachfragen auf Personalfragen. Gesichter zählen, nicht Entscheidungen. Von den im engeren Sinn politischen Fragen werden am liebsten die zur Diskussion gestellt, die noch offen, also unerheblich sind. Grundsatzprobleme oder Fragen, die über die Köpfe der Bürger hinweg längst entschieden sind, werden gerne gänzlich geheim gehalten und bleiben unterm Radar, es sei denn, es bilden sich Protestbewegungen, die die Sache öffentlich machen. Ansonsten wird verschleiert, bis zu welchem Grad die Gesetzgebung von Lobbyisten und Interessensvertretern unterwandert ist.[14]

Von außen durch Sachzwänge und Einflussnahme gemaßregelt und von Innen durch Überregulierung blockiert, streben die Staaten auf einen Zustand der Unregierbarkeit zu. Strukturen sind verknöchert, Prozesse stecken fest. Entscheidungen werden kaum mehr getroffen und lassen sich schlecht durchsetzen. Reformen reformieren nicht, sondern drehen an Stellschrauben, um die Umstände zu verschlechtern.

Das größte, aber keineswegs einzige Monument der Unregierbarkeit in Deutschland ist der Berliner Flughafen. In der Planung schon zwischen verschiedenen Interessengruppen zerrieben, verheddern sich Entscheidungsprozesse in einem über Jahrzehnte gewachsenen Dickicht der Vorschriften und überexakter Regulierung. Am Ende kommt noch hinzu, dass der viel gelobte Wettbewerb um Aufträge und die ganz gewöhnliche Korruption dem Bau den Rest gegeben haben. Im ganzen Bauprozess gibt es niemanden, der den Überblick bewahrt, ja nicht einmal eine Stelle, die das Desaster rechtzeitig melden wollte. Gebaut wird doch, aber mehr um eine Tätigkeit vorzuschützen, als um des Bauwerks willen. Das Ergebnis eine Ruine.

Diesem Zustand nähern sich nicht nur Bauten, sondern der gesamte Staat an. Gesetzgebung liegt in den Händen von Experten und Lobbygruppen. Das Steuerrecht ist undurchschaubar, aber stets im richtigen Detail lückenhaft. Das Gewirr an Vorgaben und Regeln und Ausnahmen von Regeln wird so undurchdringlich, dass es eines eigenen Berufsstandes bedarf, um auf genügend hohem Niveau daran zu scheitern. Damit einher geht ein Aufblähen von Verwaltungen, denen ein möglichst komplexer Wust nur gelegen kommen kann.

Auf internationaler Ebene sieht es wenig besser aus. Die Großaktion zur Rettung der Welt vor dem Klimawandel gerät in

---

[14] Wie in jüngster Zeit bei sämtlichen großen sogenannten Verträgen: ACTA, SOPA, TTIP, ...

die Mühlen einer reisenden Konferenz tausender Sachverständiger, Berater und Entscheidungsträger, deren Beschlussversuche kläglich scheitern, weil von Lobbyisten der Ölindustrie unterlaufen, die noch immer prächtig daran verdient, die kommende Katastrophe erst herbei zu führen. Unser gegenwärtiges Herrschaftsmodell sieht ökonomisch unprofitable Entscheidungen zum Wohl der Menschheit nicht vor.

Datenregime

Mitten im alten Reich des Unregierbaren bauen die Geheimdienste an einer neuen Datenherrschaft nach Regeln, die mit denen eines demokratischen Staates nichts zu tun haben. Die kommende algorithmische Regierung richtet sich nicht danach, was politisch gewollt, sondern was technisch machbar ist. Vorerst geht es um das reine Instrumentarium der Herrschaft, noch fehlt der politische Wille. Daten sind der Rohstoff des 21. Jahrhunderts und Ausgangspunkt jeder kommenden Macht. Dass staatliche Behörden wie auch einzelne Firmen nichts unversucht lassen würden, um so viele Daten wie möglich unter ihre Kontrolle zu bringen, ist schon länger klar.[15] Zwar befeuern soziale Netzwerke hin und wieder die Neigung zu politischen Aktivismus, aber mehr noch werden sie zu neuen Regierungstechniken.[16] Wenn es sich erst mit Daten herrschen lässt,[17] werden wir sehen, welche politischen Maßnahmen sich zur Aufstandsbekämpfung

---

15 Friedrich Kittler, »Jeder kennt den CIA, was aber ist NSA«, in: *taz*, 11. Oktober 1986, über James Banford, *NSA. Amerikas geheimster Nachrichtendienst*, Zürich, Wiesbaden 1986.

16 Comité invisible, *A nos amis*, Paris 2014, S. 104f.

17 Andy Doyle, Graham Katz, Kristen Summers, et al., »Forecasting significant societal events using the EMBERS streaming predictive analytics system«, www.ncbi.nlm.nih.gov/pmc/articles/PMC4276118/pdf/big.2014.0046.pdf

anbieten. Einstweilen leben wir in der Zeit des Datensammelns und der Vorbereitung einer kommenden Datendiktatur.

Die Disziplinargesellschaft wurde von der Kontrollgesellschaft abgelöst, und von dort aus geht es weiter zur allgemeinen Überwachung, aber ohne Gesellschaft. Denn die Dichte der Datenerhebung erlaubt es, die großen Gruppen zu sezieren und jeden einzelnen zu verfolgen. Unter den Verfahren des *agent-based-modeling* löst sich das große Ganze der Gesellschaft in einzelne Datenspuren, Ereignisse und Nutzerprofile auf. Überwachung zielt weder auf Normierung und Bestrafung, noch auf die Steuerung in großen kybernetischen Regelkreisen. Kontrolle wäre kontraproduktiv, denn erst unter der Illusion gefühlter Freiheit teilen Nutzer alle jene Ereignisse und Entscheidungen mit, die den Algorithmen den nötigen Einblick geben. Jede Abweichung, jede unerwartete Äußerung, jede überraschende Verbindung trägt dazu bei, unser Profil zu schärfen.

Damit kehrt sich das vorgeblich freiheitsstiftende Potenzial des Netzes in sein Gegenteil um. Jede Datenspur kann gegen uns verwendet werden. Per Default sind wir alle erst einmal potenzielle Feinde der neuen Ordnung. Schon allein deshalb, weil unsere Daten mitgelesen werden können, tragen wir ein Risikopotenzial in uns. Kurz gesagt: wir werden nicht überwacht, weil wir verdächtig sind, sondern wir sind verdächtig, weil wir überwacht werden.

Das Rechtssystem passt sich dem Zustand an und wird nach und nach um die nötige innere Vorwärtsverteidigung erweitert. Das umfasst neben der Abschaffung der Privatsphäre im Datenbereich eine ganze Reihe von informellen Strafen. Ohne Gerichtsverhandlung und ohne Angabe von Gründen können Flug- oder Fahrverbote verhängt werden, dazu kommen Kreditsperren und Kommunikationsverbote bis hin zu orchestriertem Mobbing in Sozialen Medien oder dem Entzug von Arbeit.

Das Geheime bildet die Grundlage der Macht im Datenregime. Die alte Regel, dass öffentliche Institutionen ihr Wissen öffentlich bekannt machen sollten, Privatpersonen es dagegen für sich behalten können, hat sich umgekehrt. Das Datenregime hütet seine Informationen, und der User erscheint transparent.

Man kann Geheimdienste nicht mehr einfach den Staaten zuschlagen, auch wenn sie formell noch als staatliche Institutionen gelten und von Steuergeldern finanziert werden. Eher haben wir es hier mit einer künftigen und bereits aktiven Regierungsform zu tun, die vorerst noch unter dem Mantel der alten Ordnung operiert. An das geltende Recht fühlen sie sich nicht mehr gebunden. In transnationaler Kooperation wurde längst eine Infrastruktur überstaatlicher Kontrollinstanzen geschaffen. Mit ihrer globalen Vernetzung spielen die Dienste auf dem gleichen Niveau wie die Akteure der Finanzwelt.

Falsche Mobilisierung

Wenn sich die Lebensumstände verschlechtern, suchen die Leute Ursachen und Auswege. Die große Mehrheit der Gelackmeierten unternimmt nichts. Sie lebt zwischen Passivität und Erschöpfung. Das fortgesetzte System der Nötigung führt zu einer fatalistischen Haltung, zur Zunahme von Depression und zur Selbstaufgabe in der Arbeitswelt, oder zum Rückzug in die Unterhaltungswelten der Blödmaschinen. Mobilisiert wird hier wenig, vom Willen zum fortgesetzten Konsum einmal abgesehen.

Wer dagegen Ursachen für die Misere sucht, findet sie gerne dort, wo übermächtige äußere Faktoren in die Lebenswelt eingreifen. Die Schuldigen sind rasch gefunden, nämlich die nächsten Boten dieses Außerhalb, die Fremden. Damit steht das Eigene gegen die Anderen, die Heimeligkeit der eigenen Identität gegen das unheimliche Draußen, die Immobilität der Heimat gegen die mobilen Flüchtlinge. Das große offizielle Identifikationsangebot war einmal der Staat, mitsamt der Gründungsidee des Nationalen. Nach dem Großdesaster des Nationalen in zwei Weltkriegen und Kolonialismus haben globale Handelsströme und die Umdefinition in Territorien optimaler Verwertbarkeit den Staaten das Nationale fast restlos ausgetrieben.

Damit tritt die Nation als Identitätsmodell in Gegnerschaft zum Staat als Standortfaktor. In all den zur Ausbeutung freigegebenen Randgebieten feiert das Nationale recht ungehindert seine Wiederauferstehung. Diesmal freilich nicht im romantischen Glauben an die Einheit eines (Staats-)Volkes, sondern im einigenden Hass auf das Fremde. Der gemeinsame Gegner stiftet den Zusammenhalt.

Von wirtschaftlicher Seite gibt es durchaus politisches Interesse, Gruppen am rechten Rand zu fördern, bilden sie doch in ihrer politischen Ahnungslosigkeit willkommene Adressaten für allein dem Eigennutz dienende ökonomische Rezepte, wie selbstzerstörerisch sie auf lange Sicht auch sein mögen. Notlagen welcher Art auch immer werden mit Gewalt gegen Andere kompensiert, gleich ob anderer Herkunft, anderer Religion oder anderen Geschlechts. Den Teufeln an der Macht kann diese Verschiebung der Konflikte nur entgegen kommen. Sie stellt die Gesellschaft vor die Entscheidung zwischen zwei schlechten Extremen. Dass die Rechten notorisch zu halbverstandenen Problemen die falschen Lösungen finden, tut dem Zulauf keinen Abbruch.

Wo Staaten ohnehin als koloniale Erfindung installiert wurden, bieten sich Identitätsformen jenseits des Nationalen an, die Religion und Gewalt verbinden und zugleich in den Medien des digitalen Kapitalismus zu Hause sind. »Der konzernartig operierende Dschihadismus ›sammelt‹ als Erbe des gescheiterten arabischen Nationalismus – der ein wirtschaftliches Modernisierungsprogramm verfolgte – die ›überflüssigen‹ und desorientierten jungen Männer auf.«[18] Wie die Rechtsradikalen hierzulande, werden auch die Terrorgruppen von »befreundeten« Behörden und Staaten wohlwollend ›begleitet‹, um nicht zu sagen geför-

---

18 Tomasz Konicz, »Der Terrorkonzern«, *Telepolis*, 15. 07. 2014, www.heise.de/tp/artikel/42/42252/1.html

dert. Beide Seiten, Staaten wie Schurken, nutzen den Konflikt, um sich wechselseitig zu stärken.

GEWALT

Wenn die Staaten geschwächt sind, lässt organisierte Gewalt die letzten Reste von Recht hinter sich. Wohlgeordnete Kriege werden damit seltener. Stattdessen breiten sich Zonen der Grausamkeit aus, die sich ohne wirkliche Grenzen zwar noch über Räume und Zeiten erstrecken, aber weder Fronten noch Staaten bilden. Der Vorrang des Ökonomischen bringt es mit sich, dass Gewalt genau dann ausbricht, wenn sie sich lohnt, das heißt wenn in einer Zone mit Gewalt größere Gewinne als ohne zu erzielen sind.

In ansonsten unprofitablen Gegenden erzeugt Gewalt eine willkommene Nachfrage nach Waffen und lockt die Geier an, die Ruinen kaufen oder Rohstoffe suchen. Deshalb fallen Kriegsgebiete gerne mit ansonsten wirtschaftlich schwachen, aber rohstoffreichen Zonen zusammen.[19] Zudem bieten bewaffnete Konflikte den Rüstungsexporteuren willkommene Gelegenheiten, neue Waffensysteme am Weltmarkt vorzuführen, was jede militärische Intervention ein Stück weit zu einer theatralischen Aktion macht.

Unter solchen Bedingungen aber ändert sich das Gesicht des Krieges. Wir haben es nicht mehr einem Aufeinandertreffen militärischer Kräfte zu tun, die eine Entscheidung suchen. Stattdessen treten wir in eine Lage ein, in der die Gewalt selbst zum gewünschten Zustand wird. Diese Lage bleibt bestehen, solange die fortgesetzte Zerstörung sich auszahlt, und wohl auch ein wenig darüber hinaus, denn es dauert, bis einmal ausgebrochene Gewalttätigkeiten eingedämmt sind. Von Ferne erinnert das an die Zeit des 30jährigen Krieges, als die Armeen sich auf Kosten

---

19 Friedrich Kittler, »Von Staaten und ihren Terroristen«, in: Étienne Balibar, Friedrich Kittler, Martin van Creveld, *Vom Krieg zum Terrorismus?*, Berlin Mosse Lectures 2002/2003, S.33-50, hier S.48.

der Bevölkerung ernährten und der Frieden sich erst herbeiführen ließ, als das ganze Land ausgeblutet war. Aber diese Ähnlichkeit täuscht, denn die ökonomischen Koordinaten haben sich gewandelt. Heute realisieren die Kriegsparteien ihre Gewinne auf den Weltmärkten und nicht mehr durch Raubzüge unter der ortsansässigen Bevölkerung. Das kann zu paradoxen Situationen führen, in der Krieg herrscht, aber das Leben weitergeht.[20] Zerstörungen sind punktuell, bis sie sich überall zeigen, Nachbarn werden von Drohnen weggeschossen, Städte bleiben bewohnt und zerfallen dennoch zu Ruinen.

Wo genau in diesen Risikozonen die Gewalt ausbricht, lässt sich kaum vorhersagen. Denn die Front verläuft auf dem Körnungsniveau der Zielerfassung, also quer durch Familien, durch Häuser und durch Ereignisse. Beherrschung von Territorien zählt nicht viel, wohl aber die Zerstörung von Netzwerken. Diese Netzwerke bestehen aus Waffenlagern, Straßen, Autos, Mobiltelefonen und einzelnen Personen. Damit durchmischen sich Krieg und Frieden. Der eine lebt schon im Krieg, während sein Nachbar noch gar nicht davon weiß, dass er ausgebrochen ist.

Der Zustand des Friedens gerät unter diesen Umständen zu einem bloßen Sonderfall des Krieges, nämlich der vorübergehenden und fragilen Abwesenheit von allgemeiner Gewalt.[21]

Um Gewalt rechtfertigen zu können, braucht man Feinde. Diese müssen ausgewählt, bekannt gemacht und verfeindet werden. Die Kriege des 20. Jahrhunderts haben auf zwei verschiedene Feindkonstruktionen zurückgegriffen, einmal den Nationalismus der Staaten, der den Feind jenseits der Grenze findet, und den Rassismus, der dem äußeren einen inneren Gegner hinzufügt. Heute ist die Identität der Staaten zum Glück so geschwächt, dass sie kaum noch zum Herstellen eines äußeren

---

[20] Vgl. die Dokumentationen »The Pixelated Revolution« von Rabih Mroué (2012) zum syrischen und »Raw footage« von Aernout Mik (2006) zum bosnischen Konflikt.

[21] Vgl. Oliver Marchart, *Das unmögliche Objekt*, Berlin 2013, S. 31.

Feindes taugt. Wir haben es uns abgewöhnt, uns vom Franzosen, Russen, Amerikaner oder welchem Staatsangehörigen auch immer bedroht zu fühlen. Umso erfolgreicher wirken die Konstruktionen des Fremden als Feind. Er lauert hinter der anderen Religion, der anderen Hautfarbe oder Kleidung oder Haartracht, in unbekannten Communities im Netz. Moslems und Terroristen unklarer Ausrichtung werden als bedrohlich dargestellt, aber als Feind taugen heute auch Hacker, Homosexuelle, wieder Juden oder irgendeine andere konstruierte Fremdidentität. Ein paar weitere Jahre europäischer Sparknechtschaft mit sinkenden Preisen, sinkenden Löhnen und einer Arbeitslosigkeit unter Jugendlichen von über 50% könnte die Neigung zur gewaltsamen Aneignung des verlorenen Lebens auf das für Konflikte innerhalb Europas nötige Niveau steigen lassen.

Damit stellt sich den Bewohnern der friedvollen Wohlstandsregionen eine drängende Frage, wann die Lage gefährlich wird. Schon finden sich Terroristen mitten unter uns, die als Schläfer überall lauern. Dazu kommt die allgemeine Überwachung, die uns alle zu unserer eigenen Sicherheit immer schon erst einmal als verdächtig erklärt. Vorausblickende Algorithmen, so fehleranfällig sie auch immer sein mögen, werden dazu führen, dass die Entscheidung über den Ausbruch von Gewalt immer öfter von Automaten getroffen wird[22], was man uns als Fortschritt, als vorausschauend und effizient und im Angesicht der Bedrohung notwendig verkaufen wird. Algorithmen und Terroristen bestärken sich im Schaffen eines Zustandes, der Gefahr und Gewalt in der permanenten Vorauskalkulation des Risikos zur Regel macht.

---

[22] Jeremy Scahill, Glenn Greenwald »The NSA's secret role in the U.S. assassination program«, *The Intercept* 10. 02. 2014, - theintercept.com/2014/02/10/the-nsas-secret-role/, und die Podiumsdiskussion vom 01. 04. 2014, bei der General Michael Hayden sagt: »We kill people based on metadata«, in: »The Johns Hopkins Foreign Affairs Symposium Presents: The Price of Privacy: Re-Evaluating the NSA«, www.youtube.com/watch?v=kV2HDM86XgI, 17:59.

Die Aufgabe der Staaten

Paradies 2000

Nach dem 2. Weltkrieg traten Staaten und Wirtschaft mit dem großen Versprechen an, dass die Zukunft besser wird. Die Kräfte eines wohlwollenden Kapitalismus sollten die Geschichte in einen Motor des Fortschritts verwandeln. Wir alle würden an den technischen Errungenschaften teilhaben, wie die Teflonpfanne, die uns die Mondlandung bescherte. Noch den letzten Winkel des Globus würde der Überfluss der Güter erreichen. Autos für alle, neue Häuser, Schulen und Studium für die Massen. Dazu eine allgemeine Gesundheitsversorgung und funktionierende Sozialversicherungen. Nie mehr Not, lautete die Losung nach dem Krieg. Jeder könnte sein Glück erreichen oder zumindest berechtigterweise davon träumen. Das moderne Paradies wartete nicht erst in der Ewigkeit des Himmelreichs, sondern im Jahr 2000.

Diese Phantasie des allgemeinen Wohlstands entstand nicht in einer Zeit des Reichtums, sondern aus der Katastrophe. Der immensen Verschuldung zum Trotz ging sie nicht mit einem Regime immer schlechter bezahlter Arbeit und steigender Anforderungen einher. Im Gegenteil, die Arbeitsbedingungen wurden besser, die Arbeitszeiten kürzer. Es sah aus, als könnte der Kapitalismus doch funktionieren. Generation auf Generation würde in immer besseren Verhältnissen leben. Gerade dieses »über die Verhältnisse leben« brachte alle miteinander voran. Der Fortschrittsglaube erstreckte sich nicht nur auf die westliche Welt, sondern auch auf die Entwicklungsländer, wie sie bald nach der Kolonialzeit genannt wurden. Der gute Kapitalismus würde Konsum, Bildung und Wohlstand in die ganze Welt bringen.

Die Zukunft, die uns versprochen wurde, ist nicht eingetreten. Das Jahr 2000 fand nicht statt, wenn auch nicht aus den von Baudrillard genannten Gründen, den »immensen Kommunikationsnetzen, in denen die Zeit schließlich in reiner Zirkulation aufgeht.«[23] Die Netze haben wir, ebenso die in Echtzeit, also Null-Zeit, zirkulierenden Daten. Was aber die Annäherung an die Utopie 2000 betrifft, hat sich der Fortschritt nicht verflüchtigt, sondern offenbar die Richtung gewechselt. Je mehr Jahrzehnte vergehen, desto ferner scheint das Ziel.

Paradiese leiden an einem Systemfehler. Oder besser gesagt, das System leidet an einem Paradiesfehler. Wer alles hat, was er will, kauft nicht mehr. Wer allzu glücklich ist, dem gehen die Wünsche aus. Nicht dass wir diesen Zustand je erreicht hätten, aber schon die Annäherung ans Paradies bringt die kapitalistische Wirtschaft um ihren Schwung. Die Wunsch- und Druckmaschine darf nicht stocken. Solange Verbraucher Produkte nicht nur für den Gebrauch, sondern aus Statusgründen erwerben, gibt es kein Problem. Denn dann bleibt das Paradies prinzipiell unerreichbar. Der Wettlauf um Geltung sichert unendlichen Absatz. Das zwingt ideale Konsumenten zu einer schizoiden Wunschproduktion, immer dem Glück hinterher, immer wieder befriedigt und doch immer unzufrieden. Bekommen sie je genug, stockt der Absatz und damit die ganze Maschine.

Zu den Sorgen ums zu große Glück kamen noch andere. Der alltägliche Rassismus. Der laufenden Kriege des Postkolonialismus. Die überkommenen Geschlechterverhältnisse. Die Herrschaft der alten Säcke, speziell in Deutschland. Das damit verbundene moralische Korsett. Allerlei unsinnige Vorschriften, die zu einem Schlaraffenland nicht wirklich passen wollten, von Haarlängen, Bekleidung, bis zu gesellschaftlichen Rollen und Ritualen.

Über all dem lag die Drohung der nuklearen Vernichtung, »mutual assured destruction«, MAD. Doch das nahe Paradies im Diesseits und die jederzeit mögliche Auslöschung passten gut zusammen. Der Konsum im Hier und Jetzt entschädigt uns dafür, dass das Jenseits verloren ist. Wenn das Nachleben nicht mehr

---

[23] Jean Baudrillard, *Das Jahr 2000 findet nicht statt*, Berlin 1990, S. 24.

als Erlösung verklärt werden kann, weil wir die ewigen Jagdgründe des Jenseits nur als verschmorter radioaktiver Aschebrösel erreichen, bleibt nur die Aussicht auf ein paradiesisches Diesseits.

Heute können wir uns diese Welt kaum mehr vorstellen. Overkill heißt nicht mehr, ganze Länder mehrfach mit atomaren Bombenteppichen zu verstrahlen, sondern meint höchstens noch die Fähigkeit, das gesamte Leben und alle Daten jedes Einzelnen mehrfach in Megaspeichern festzuhalten. Die dunkle Macht auf der anderen Seite des Geheimnisses schreibt unser Leben mit, ohne dass wir dafür eine Glücksphantasie zurück bekommen würden, und sei es auch nur im Jenseits.

Was lief schief in den 1960er Jahren? Schließlich hatten sie nicht übel begonnen. Mit der Mondlandung war der erste verheißungsvolle Schritt gemacht. Etwas vorher Unvorstellbares war erreicht worden. Zwar erwies sich der Mond nicht als Paradies, dafür aber der Blick zurück auf die Erde.[24]

Dort machte sich der Wunsch nach einer anderen Welt breit. Die Jungen hatten andere Vorstellungen vom Glück als die Alten. War die Not der Nachkriegsjahre erst einmal überwunden, machten eine ganze Reihe rigider Regeln, darunter der aufgeschwatzte Konsumismus, keinen Sinn mehr. Der Vietnamkrieg gab nur den Anlass, die alte Ordnung in Frage zu stellen.

Die Probleme des Generationenkonflikts hätten sich lösen lassen. Die Revolte ließ sich bestens verkaufen. Ihre Musik wurde zum Mainstream. Ihre Klamotten zur Mode. Gegen einen Fahrplanwechsel auf dem Weg zum Paradies hätte der bestehende Kapitalismus nichts einzuwenden gehabt. Aber es kam zum Konflikt zwischen dem Wohlstand für alle und der Bereicherung für wenige.

---

[24] Diedrich Diederichsen, Anselm Franke, *The Whole Earth. Kalifornien und das Verschwinden des Außen*, Berlin 2013.

Die Wende kündigte sich im Lauf der 1970er-Jahre an, als der Konsens zwischen Wohlfahrtsstaat und Kapital auseinander brach. Als das Wohl der Allgemeinheit sich nicht mehr zwanglos in das Wohl der Vermögenden übersetzte, musste der Staat nachhelfen, und zwar im Zweifel auch gegen die Interessen seiner Bürger. Mit vereinten Kräften von Ökonomen, Experten und viel Geld wurde das Verhältnis zwischen Politik und Wirtschaft neu ausgerichtet.

Wie schon ein Jahrzehnt zuvor absehbar, zeigte sich ein System fester, und indirekt an Gold gekoppelter Währungen dem Wachstum der Produktion und vor allem des globalen Handels nicht gewachsen. Der Bedarf an internationalen Zahlungsmitteln, also an Dollar, wurde schlicht zu groß. Schon 1968 konnten die USA ihr Handelsdefizit nicht mehr mit Gold ausgleichen. Technisch gesehen war das Land Pleite, jedenfalls nach den Regeln der damaligen, auf dem Edelmetall basierten Währungsgemeinschaft.[25] 1971 schließlich zerbrach das System der in das Goldkorsett gezwungenen festen Wechselkurse. Finanzinnovationen zur Umgehung der Kapitalverkehrsregeln trieben diese Entwicklung voran.[26]

Mit dem Wegfall der Goldbindung verschärfte sich das Inflationsproblem. Zwar konnten nun dank ungebremster Geldschöpfung der Vietnamkrieg, die Aufrüstung, das Mondlandeprogramm und was auch immer finanziert werden. Aber die Gelder flossen schließlich in den Konsum zurück und trieben die Preise.

---

[25] Michael Hudson, *Super Imperialism. The origin and fundamentals of U.S. world dominance*, 2003, S. 263.

[26] Bspw. currency swaps bzw. back-to-back-loans (vgl. Perry Mehrling, *New Lombard Street*, Princeton, NJ 2011, Kap. 4, »The art of swap«) und BIS, »Recent Innovations in International Banking«, April 1986, www.bis.org/publ/ecsc01a.pdf, Kap. 2.3 »The evolution of the swap markets«.

Als zweite und fast wichtigere Folge der entfallenen Goldbindung begann die Kreditmaschine anzulaufen. Mit dem Wegfall des Goldes wurden Staatsanleihen zum wichtigsten und »sichersten« Wertspeicher. Stabil wie Geld, boten sie zudem noch Zinsen, blieben aber den Währungsrisiken der Auf- und Abwertung unterworfen, was den Handel und die Spekulation beflügelte.

Den Regierungen und Zentralbanken entglitt nach und nach die Kontrolle über die Geldmenge, da die Geldschöpfung des privaten Bankensystems auch für die öffentlichen Finanzen unentbehrlich wurde. Schließlich konnte die amerikanische Zentralbank ihrer Aufgabe, eine für Vollbeschäftigung und Preisstabilität angemessene Geldversorgung aufrecht zu erhalten, nicht mehr nachkommen.

Der Übergang zu einer neuen Wirtschaftsordnung vollzieht sich von da an Schritt für Schritt. Den sogenannten Ölpreis-Schock kann man bereits als einen Raub an den Konsumenten mit anschließender Einspeisung dieser Gelder in das Finanzsystem sehen. Im Nachhinein lässt sich kein tatsächliches Datum angeben, an dem das eine System endet und das andere beginnt. Allerdings fallen im Jahr 1979 eine Reihe wichtiger Entscheidungen.[27] Am 6. Oktober verkündet der FED-Präsident Paul Volcker, dass sich die US-Zentralbank fortan vor allem um die Bekämpfung der Inflation kümmern werde. Kampf gegen Inflation heißt Kampf gegen steigende Konsumgüterpreise, und umschreibt damit nur dürftig, dass es eigentlich um Maßnahmen gegen höhere Löhne geht. Mit staatlicher Hilfe wird das Wachstum der Gewinne vom Anstieg der Löhne entkoppelt.

Die Maßnahmen Volckers lösen eine schwere Rezession aus. Die Arbeitslosigkeit steigt rapide an, ebenso der Leitzins. Der Markt für Staatsanleihen verwandelt sich von »einer Abstellkammer in ein Spielcasino«.[28] Letztlich fällt die Inflation von 15

---

[27] Vgl. David Harvey, *A Brief History of Neoliberalism*, Oxford 2005, S. 1.

[28] Michael Lewis, *Liars Poker*, London 1989, S. 39.

auf 5 Prozent. Die Maßnahmen erreichen ihr Ziel, wenn auch mit erheblichen Kollateralschäden.

Unter der Hand wandelt sich das Verhältnis von Staaten zu Banken grundsätzlich. Die Machtfrage zwischen Demokratie und Vermögen wird neu geklärt. Indem der Staat die Geldschöpfung mehr oder weniger freigibt und die Zinsen für seine Anleihen dem Markt überlässt, verzichtet er auf zwei fundamentale Pfeiler staatlicher Souveränität in wirtschaftlichen Fragen. Es formiert sich eine neue ökonomische Macht, die weder gewählt, noch wirklich sichtbar wird.

Die Organisationen, die im Kampf gegen die Inflation – und das heißt gleichbedeutend: für den Profit – auf der Strecke bleiben, sind die Gewerkschaften. Sie werden im Interesse der volkswirtschaftlichen Steuerung zerschlagen. Hier ist bereits ein Punkt erreicht, an dem der Ausverkauf des Staates an den Kapitalmarkt keine Optionen mehr offen lässt.

Die Haltung zur Arbeit ändert sich damit von Grund auf. Seither gelten Arbeiter vor allem als Kostenfaktoren. Auf der anderen Seite stammen die Profite nicht mehr in erster Linie aus dem Konsum, sondern leiten sich zusehends aus der Geldschöpfung ab. Sah man zuvor Lohnzuwächse über die Formel Inflation plus Produktivitätszuwachs an die Wirtschaftsentwicklung gebunden, können Arbeitseinkommen seither stagnieren oder sogar sinken. Seitdem fällt die Lohnquote, also der Anteil der Löhne am volkswirtschaftlichen Gesamteinkommen, während die Einkünfte aus Kapitalanlagen zunehmen.

Die Kehre von Volcker schlägt sich auch in der Wirtschaftstheorie nieder. Man erfindet als politischen Steuerungsfaktor die sogenannte NAIRU. Diese *Non-Accelerating Inflation Rate of Unemployment* postuliert eine Arbeitslosenrate, ab der beschleunigte Inflation verhindert wird – so als gäbe es zwischen beiden Parametern einen wissenschaftlich gesicherten Zusammenhang. Sie ist eines der offensichtlichsten Beispiele eines vollständig interessengeleiteten, weder empirisch noch theoretisch begründeten ökonomischen Theorems.[29]

Um die Inflation einzudämmen, so die zugrunde liegende Forderung, müssen Löhne begrenzt werden. Um aber in einer Welt unbegrenzter Geldschöpfung die Löhne niedrig zu halten, braucht es eine bestimmte Anzahl von Arbeitslosen. Dass das ganze Modell im Interesse der Profite argumentiert, versteht sich von selbst und wird nicht weiter ausgeführt. Ein amerikanischer Notenbankpräsident namens Goodfriend ließ sich noch 2003 zu Klartext hinreißen: »[T]he *fundamental principle of price stability:* inflation will remain low and stable if and only if departures from profit-maximizing markups are expected to be relatively small and transitory across firms ...«[30] Maximaler Profit bei stabilen Preisen und stagnierenden Löhnen lautet die Losung. Inflationsbekämpfung ist kein Selbstzweck, sondern dient den Gewinnen. Als Konsequenz ist Arbeitslosigkeit mitnichten ein beklagenswertes Unglück, sondern liegt im Interesse der Vermögen und ihrer Vermehrung. In der neuen Gesellschaft soll gar nicht mehr jeder gebraucht werden.[31] Das laufende Gejammer über die Arbeitslosenzahlen dient zu nichts anderem, als der arbeitenden Bevölkerung Angst um ihre Stellen einzujagen und sie bei Lohnforderungen gefügig zu machen.

Die ideologische Ausrichtung der niederen Stände passt man der neuen Wirtschaftsordnung an. Hier wird Sparsamkeit gepredigt. Nicht nur was den Konsum angeht, sondern nachhaltig für

---

[29] Bill Mitchell, »Why we have to learn about the NAIRU (and reject it)«, 19. 11. 2013, bilbo.economicoutlook.net/blog/?p=26163

[30] J. Alfred Broaddus Jr., Marvin Goodfriend, »Sustaining Price Stability«, in: *Federal Reserve Bank of Richmond, 2003 Annual Report*, S. 7. www.richmondfed.org/-/media/richmondfedorg/publications/research/annual_report/2003/pdf/ar.pdf

[31] Lynn Parramore, »Welcome to the European Hunger Games, Brought to You by Mainstream Economics«, 5. 1. 2015, ineteconomics.org/ideas-papers/blog/welcome-to-the-european-hunger-games-brought-to-you-by-mainstream-economics

das ganze Leben. Der 1972 erschienene Bericht des Club of Rome liefert dafür die programmatische Vorlage. Plötzlich stellt sich heraus, dass Rohstoffe endlich sind. Von nun an soll die Menschheit im Einklang mit der Natur leben, anstatt die Ressourcen einfach aufzubrauchen. Aufrufe zur selbstauferlegten Askese spiegeln das ökonomische Gebot der Stunde wider. In einem Effekt kollektiver kognitiver Dissonanz passt sich das gesellschaftliche Bewusstsein der neuen Wirtschaftsordnung an. Nicht dass der Aufruf zu Nachhaltigkeit schädlich wäre, aber Konsens wird sie genau dann, wenn sie ins ökonomische Regime passt. In diesem Sinn formuliert die Ökologiebewegung der 1980er Jahre einen Zeitgeist, der ohne es wissen zu wollen ganz hegelianisch der Ordnung der Obrigkeit folgt.

Mit der Übergabe der Macht an die Märkte ist eine staatliche Steuerung der gesamtwirtschaftlichen Koordinaten im engeren Sinn nicht mehr möglich. Der Umbau des Wirtschaftssystems folgt einer Ideologie, die jegliche staatliche Eingriffe ablehnt und für Krisen verantwortlich macht. Sie war über Jahrzehnte von neoliberalen Netzwerken wie der Mont Pélérin Society ausgearbeitet worden, die neben anderen von Friedrich Hayek 1947 gegründet worden war.[32] Die verschiedenen Richtungen dieser Denkschule eint ein gemeinsamer Feind: Der »Sozialismus«, den sie in allem erblicken, was das »freie« Wirken der Marktkräfte behindert. Was sie Freiheit nennen, ist im Sinn der Investoren und Unternehmer vor allem die Freiheit der wirtschaftlich Mächtigeren.

Die große Mäßigung

1989 scheint die neoliberale Revolution schon am Ziel. Alles hat sich zum Besten gewendet. Nicht nur politisch mit dem Zerfall

---

[32] Philip Mirowski, Dieter Plehwe, *The Road from Mont Pelerin*, Cambridge MA 2009, bes. Dieter Plehwe, »Introduction«, S. 4.

der Sowjetunion und dem Ende des Kalten Krieges, sondern auch ökonomisch mit der »Great Moderation«[33]. Dem Zentralbankpräsidenten Ben Bernanke zufolge beginnt damit eine Periode zuvor ungekannter Stabilität, in der sämtliche wirtschaftlichen Kennziffern im grünen Bereich liegen – niedrige Inflationsrate, sinkende Zinsen, steigende Aktienkurse, hohe Anleihepreise, passables Wirtschaftswachstum, wunderschöne Profite, speziell im finanziellen Sektor. Das ganze hält fast 20 krisenfreie Jahre, von der Internet-Bubble abgesehen. Als vorerst letzte klassische Investmentblase bleibt sie am Ende ein vernachlässigbares Problem der Kleinanleger. Das große Geschäft wird davon kaum berührt. Das Wirtschaftssystem steckt die Delle mit einer zuvor nicht gekannten Widerstandsfähigkeit weg.

Im Hintergrund beginnt derweil ein ganz anderes Spiel, das bis heute läuft. Die Finanzindustrie hat eine Ressource angezapft, ergiebiger als alle Ölfelder und größer als alle Kolonien und Quasi-Kolonien zusammen. Anstatt in räumliche Ausdehnung oder technischen Fortschritt expandiert das große Geld seither in eine andere Dimension. Die Quelle der neuen Reichtümer liegt in der Zukunft.[34] Zukunft heißt Zahlungsforderung, also Kredit. Und Kredite sind der Rohstoff, den die Banken in großindustriellem Maßstab fördern.

Finanzinstitutionen haben Verfahren entwickelt, um die Schulden Dritter in handelbare Wertpapiere zu verwandeln, und sie lassen keine Gelegenheit aus, dieses Geschäftsmodell auszudehnen. Besonders Hauskredite, aber auch Leasingverträge, Studentenkredite, Ratenkäufe und überhaupt alle Arten von

---

[33] Ben S. Bernanke, »The Great Moderation«, 20. 02. 2004, www.federalreserve.gov/BOARDDOCS/speechES/2004/20040220/default.htm

[34] Mit Hilfe von Derivaten als »Technology of the Future«, vgl. Elie Ayache, *The Blank Swan*, New York NY 2010, S. 13, und »Die Zukunft handeln. Ein Gespräch mit Elie Ayache und Philippe Henrotte«, in: Armen Avanessian, Gerald Nestler, *Making of Finance*, Berlin 2015, S. 95-128, insbes. S. 106f.

»kaufe jetzt, bezahle später« lassen sich auf diese Art zu Geld machen. Alles, was als Gegenwert, Sicherheit oder Kollateral taugt, und dazu zählen nicht nur Staatsanleihen oder Häuser, sondern auch die versicherten Kredite selbst, kann hinterlegt werden, um wieder neue Kredite aufzunehmen. Im Wachsen erzeugt die riesige Kreditpyramide ihrerseits weitere Nachfrage nach zusätzlichen Krediten. Das wiederum treibt die Preise für alle als Sicherheiten akzeptierten Güter in die Höhe. Um die dabei auflaufenden Vermögenspositionen zu finanzieren, gewähren sich Banken wechselseitig Kredite, welche wiederum als Wertpapiere enden. Im ersten Jahrzehnt nach 2000 entstehen so in den USA für jeden Dollar Bruttosozialproduktwachstum 5 bis 7 Dollar Schulden. Ein wunderschöner, sich selbst befeuernder Prozess, der sein Einkommen direkt aus der Kreditvergabe und damit der Geldschöpfung zieht.

Das neoliberale Projekt scheint so erfolgreich, dass der Nobelpreisträger Robert E. Lucas verkündet, sämtliche großen Aufgaben der der Wirtschaftswissenschaften seien gelöst.[35] Die Instabilität des sich immer höher türmenden Finanzgebildes wird beharrlich ignoriert. Dass der wirtschaftliche Erfolg der drei neoliberalen Jahrzehnte sich einem unhaltbaren Kreditboom schuldet, ist der orthodoxen ökonomischen Dogmatik zufolge ausgeschlossen. Die Neoklassiker halten Geld für einen Schleier und blenden die Finanzsphäre aus. Die Neoliberalen glauben, dass der Markt nie falsch liegt, schließlich kann es der »efficient market hypothesis« zufolge zu keinen spekulativen Blasen kommen. Auf Bedenken, dass die Schulden auf unhaltbare Höhen steigen, lautet die Antwort stets, auch die Werte der Sicherheiten

[35] Robert E. Lucas jr., »Macroeconomic priorities«, Presidential Address to the American Economic Association, *American Economic Review* 93 (1) 2003, S. 1-14: »My thesis in this lecture is that macroeconomics in this original sense has succeeded: Its central problem of depression prevention has been solved, for all practical purposes, and has in fact been solved for many decades.«

würden steigen, wie etwa die der immer höher bepreisten Häuser.

In Kreditpyramiden treten immer dann Probleme auf, wenn sich Sicherheiten als unsicher erweisen. Sprich, sobald Häuserpreise aufhören zu steigen. Dann stellt sich heraus, dass das Verfahren, Risiken abzutrennen und separat an Dritte zu verkaufen, die Lage nicht unbedingt sicherer macht, aber mit Sicherheit undurchschaubarer.

Erst nach dem Platzen der ersten Blase 2008 findet eine plausible wissenschaftliche Erklärung für die Instabilität kreditgetriebener Expansionen die ihr gebührende Anerkennung. Bereits Mitte der 1980er Jahre hat Hyman Minsky das Wirtschaftssystem als ein in sich instabiles Gebilde beschrieben.[36] Im Aufschwung werden immer riskantere Geschäfte gemacht, bis Kredite schließlich selbst an Schuldner vergeben werden, die aus den laufenden Einnahmen weder ihre Schulden zurückzahlen, noch auch nur die Zinsen bedienen können. Genau das geschieht in der amerikanischen Immobilienkrise. Solange die Häuserpreise steigen, funktioniert das Spiel. Nach dem Zusammenbruch des Jahres 2008 hat es nicht etwa aufgehört, sondern vervielfacht sich seither in rotierenden Kreditblasen. Die Zentralbank übernimmt seither die Aufgabe, punktuelle und stets zu erwartende Risse im brüchigen Kreditgebäude zu kitten. Die Banken, die die riskanten Geschäfte letztlich abgezeichnet und gezielt mit allerlei Lockangeboten und Boni gefördert haben, kommen ungeschoren davon. Wenn schon einzelne Großbanken als »too big to fail« gelten, trifft das umso mehr auf den Finanzmarkt als vernetztes Knäuel wechselseitiger Forderungen und Verpflichtungen zu. Seit die Finanzindustrie den Ausnahmezustand ausrufen kann, steht fest, dass in dieser neuen Welt nicht mehr der Staat der Souverän ist. Der Übergang der Macht auf die Banken schließt eine Entwicklung ab, die 1979 in die Wege geleitet wurde.

---

[36] Hyman P. Minsky, *Stabilizing an Unstable Economy*, New York 2001.

Als das Kreditgebäude schließlich kollabierte, kam es zur sogenannten Rettung des Finanzsystems. Da niemand genau wusste, welchen Wert die nun so gut wie nicht mehr gehandelten Wertpapiere, Zertifikate und Derivate noch hatten, durften Banken ihre »toxic assets«[37], Wertpapier-Giftmüll, bei der zuständigen Zentralbank entsorgen und bekamen als Entschädigung teils den vollen nominellen Wert erstattet, weit über Marktpreis. Wem das zum Überleben nicht reichte, der wurde noch einmal extra auf Staatskosten gerettet. In einem freien Markt ohne Staat hätten die meisten Großbanken, wenn nicht alle, Bankrott gehen müssen. Aber schon der Fall von Lehmann im Jahr 2008 hatte gezeigt, dass die Pleite eines Geldhauses schwer kalkulierbare Risiken barg. Da alle Beteiligten untereinander verschuldet waren, ließen sich die durch hunderte Seiten lange Vertragsbedingungen verschleierten »Counterparty Risks« schlicht nicht mehr nachvollziehen. Die Alternative zur Rettung hätte unkalkulierbares Chaos gelautet.

Keiner der neoliberalen Wirtschaftswissenschaftler, die sonst jede staatliche Intervention verdammen, hatte viel gegen diese Rettung der Finanzsphäre auf Kosten der Steuerzahler einzuwenden. Konsequenterweise stieg dadurch die öffentliche Verschuldung der Industriestaaten beträchtlich. So wurde aus einer Häuserkrise, die eigentlich eine Banken- und Finanzkrise war, schließlich eine Staatskrise. Die Rechnung für die Kreditrisiken der Banken landete bei der Allgemeinheit. Kaum einer der Finanzgenies wurde je zur Verantwortung gezogen. An ihrem Verhalten hat sich dementsprechend wenig geändert.

---

[37] Der Begriff »toxic assets« geht laut Wikipedia auf Emails des damaligen »Countrywide Financial«-Chefs Angelo Mozilo aus dem Jahr 2006 zurück.

Um die ruinierten Staatsfinanzen wieder unter Kontrolle zu bringen, forderten neoliberale Ökonomen und Entscheidungsträger nun harte Sparmaßnahmen. Tatsächlich hat das Sparen generell das Wirtschaftswachstum geschwächt, die Investitionen verringert und die Arbeitslosigkeit erhöht. Nicht einmal das vorrangigste Ziel der Schuldenminderung wurde erreicht, da die Schuldenlast im Verhältnis zum sinkenden Sozialprodukt sogar ansteigt.

Mittlerweile steht zur Diskussion, ob die Verschärfung der Lage nicht sogar bewusst in Kauf genommen wurde, jedenfalls in Europa. Sollte es das Ziel gewesen sein, eine Zwangslage herbei zu führen, um einzelne Staaten zur Aufgabe ihrer Souveränität zu nötigen, lässt sich eine durchweg positive Bilanz ziehen. Die sogenannte Eurokrise erzwang eine »Einigung«, die auf demokratischem Weg nie zu erreichen gewesen wäre. Allerdings deutet viel darauf hin, dass dieser Prozess nicht etwa kontrolliert durchgeführt wurde, sondern improvisiert und fahrlässig im Umgang mit ökonomischen wie auch sozialen Risiken.

Eine große Frage bleibt unbeantwortet. Wenn die Maßnahmen der Austerität das Problem nicht lösen, sondern verschärfen, und wenn es genügend Hinweise dafür gibt, dass klug verteilte staatliche Hilfen für alle Beteiligten von Vorteil wären – für den Staat selbst in Form höherer Steuereinnahmen, für die Unternehmen durch die Belebung des Geschäfts und damit selbst für die Profite – dann stellt sich die Frage, warum sich Regierungen derart vehement dagegen wehren. Diese Frage stellt sich im Übrigen nicht zum ersten Mal. Es gibt gerade in Europa einschlägige Erfahrungen mit Sparpolitik. Anfang der 1930er Jahre stand Deutschland nach der Weltwirtschaftskrise vor einer ähnlichen Lage. Brünings Sparpolitik trieb das Land in die Deflation und verlängerte die Krise. Schließlich kamen die Nazis an die Macht und sorgten mit erhöhten Staatsausgaben für den Eindruck, es ginge wieder aufwärts, auch wenn es sich hauptsächlich um Rüstung für den kommenden Krieg handelte.

Heute befinden wir uns in einer vergleichbaren Lage, allerdings mit dem Unterschied, dass die Finanzindustrie die Politik weit stärker beeinflusst und Europa zwar nominell eine Gemeinschaft ist, tatsächlich aber einzelne Länder wie allen voran Deutschland aus ökonomischen Interessen und egoistischer Exportpolitik lieber die schwächeren Nachbarn ins Elend sparen, als zu Hause Lohnsteigerungen zuzulassen.

Souveränität

Die Wende von 1979 kehrt das Verhältnis von Staat und Wirtschaft um. Bis dahin hatten wir es beim Staat mit einer Institution zu tun, die sich um das Wohlergehen ihrer Bürger sorgen und in diesem Sinn eine gute Regierung gewährleisten sollte. Zumindest nominell, genauso wie die Wirtschaft und die Vermögen ebenfalls nominell dem Gemeinwohl verpflichtet waren. Seit der Machtübernahme der Märkte besteht die Aufgabe der staatlichen Regierung vordringlich darin, Rahmenbedingungen für einen profitablen Wirtschaftsraum zu setzen.

Formell treffen die gewählten Regierungen zwar noch Entscheidungen, aber sie beschränken sich auf das Drehen an den bekannten Stellschrauben. Die Aufgabe der Demokratie besteht nicht mehr darin, Politik zu gestalten und Entscheidungen von strategischem Weitblick zu treffen. Stattdessen soll dem Volk nachträglich vermittelt werden, was zuvor schon alternativlos entschieden wurde.

Die sogenannte Krise der Demokratie erscheint von hier aus gesehen in einem anderen Licht. Nicht das demokratische Prinzip versagt, sondern den gewählten Volksvertretern fehlt die Macht, Entscheidungen zu treffen. Dennoch wird die Unfähigkeit zum Regieren oft genug, aber fälschlich der Demokratie angedichtet.

Der Staat existiert weiter als Rumpfinstitution, die Aufgaben zu erfüllen hat. Die wesentlichen Entscheidungen fallen anderswo. Ein anschauliches Beispiel geben die sogenannten Freihandelsabkommen, die nicht umsonst im Geheimen ausverhandelt wurden. Dabei geht es nicht um den freien Handel, sondern darum, globalen Großunternehmen neue Geldquellen zu erschließen. Über privat betriebene und nicht öffentliche Schiedsgerichte können sie entgangene Profite einklagen.

Dabei ist das System der Gesetzgebung auch auf staatlicher Seite schon korrumpiert genug. Lobbyisten sitzen mit an den Beratungstischen und schreiben das Recht im Sinn ihrer Geldgeber um. Bei den Gesetzen geht es nicht mehr um etwas Altmodisches wie Gerechtigkeit, sondern um die Herstellung von neuen Geschäftsfeldern, künstlichen Knappheiten und einem wohldosierten Zwang, der die Menschen in die vorgebliche Freiheit der Märkte nötigt.[38] Die Institutionen der Justiz werden so geformt, dass sie den Profiteuren des Wirtschaftslebens dienlich sind. Dass das ganze System sich in byzantinischer Komplexität verstrickt, vor allem das Steuerrecht, kann dabei nur im Interesse all jener sein, die sich mit Hilfe von Beratern in dem Dschungel ihren Vorteil zu verschaffen wissen.

Der staatlichen Administration bleibt noch die Aufgabe, Vorgaben eines wie auch immer organisierten Marktes umzusetzen. Dieses marktkonforme Regieren geschieht genauso unsichtbar wie das Wirken der sagenhaften unsichtbaren Hand der Wirtschaft. Es maskiert sich hinter einem Standortwettbewerb, der die räumlichen Grenzziehungen einsetzt, um Gebietskörperschaften aller Art, vom Staat bis zur Gemeinde, in eine Zwangslage zu bringen. Wer sich unbotmäßig verhält und den Investoren nicht genügend Vorteile garantiert, wird mit Entzug von Wohlstand bestraft.

Alle Bereiche jenseits ökonomischer Profitabilität werden beschnitten. Sozialer Friede, Bildung oder Gleichberechtigung gelten nur dann als positive Werte, wenn sie zu einem guten

---

[38] Bernard E. Harcourt, *The Illusion of Free Markets*, Cambridge MA 2012, S. 196.

Wirtschaftsklima beitragen. Seither dienen politische Reformen regelmäßig dem Zweck, Bedingungen für Investoren zu verbessern, Lebensumstände weiter Teile der Bevölkerung dagegen zu verschlechtern. Erhalten bleiben nur jene Restfunktionen, die das zusehends konfliktträchtige Neben- oder Gegeneinander von Reichtum und Armut einhegen, Polizei, Militär und Justiz, ganz im Sinn des libertären Wunschbildes vom Minimalstaat.

Globus und Netzwerk

Staaten verschwinden nicht einfach. Eingebettet in die neue politische Ordnung bleiben sie bestehen und behalten ihre Aufgaben, solange sie sich als nützlich erweisen. Das Theater der Demokratie ist eine solche Aufgabe.

Von wo aus tatsächlich regiert wird, ist nicht zuletzt eine Frage der Kommunikation. Imperium heißt Befehl. Befehle wollen übermittelt und mit den nötigen Sanktionen bewehrt sein. Innerhalb eines globalen Kommunikationsnetzwerks bleiben den Staaten als territorial begrenzten Einheiten nur zwei Optionen. Entweder sie umfassen das gesamte Netzwerk, also den gesamten Globus, was auf das britische Empire und die Telegraphie noch zutraf. Oder sie stehen sich im Wege und überlassen es dem Netzwerk, neue Institutionen der Macht hervorzubringen.

Derzeit gibt es genau zwei Machtgebilde, die das globale Netzwerk in seinem ganzen Umfang nutzen. Das sind die Geheimdienste im Verbund miteinander und die Finanzmärkte. Staaten werden zu Anhängseln dieser beiden Gebilde. Sie erhalten in der globalen Wirtschaftsordnung einen Platz zugewiesen und müssen sich gegeneinander ausspielen lassen.

Was Europa im Kleinen umsetzt, wird in globalem Maßstab schon lange praktiziert. In den weltweiten Produktionsketten und Finanzmärkten besetzen die Länder im Wettbewerb miteinander ihre Nischen. Wir haben es mit einer Arbeitsteilung zu tun, aber nicht nur im Sinn von Ricardo in der Produktion, sondern als einen selbstzerstörerischen Ausverkauf an Investoren. Wer sich gegen die Macht der globalen Netzwerke sperrt, wird mit Entzug von Finanzierung und Verarmung sanktioniert.

Um die Finanzzentren herum siedeln sich die Steuerparadiese an, wobei dabei auch Sonderzonen ohne volle Staatlichkeit mitspielen dürfen. Die Absatzmärkte in den sogenannten entwickelten Ländern dienen gleichzeitig als Kapitalquellen der Finanzindustrie. Hier konkurriert der FIRE-Sektor[39] direkt mit dem Konsum, weil er für alle Arten von Finanzdienstleistungen Einkommen abzieht. Auch dies schwächt die Nachfrage nach Konsumgütern und trägt mit dazu bei, klassische Investitionen in die Produktion zu schwächen.

Was dem Produktionsprozess das Billiglohnland, ist dem Finanzmarkt der Krisenstaat mit Übergang zu Hochrisikogebieten ohne staatliche Struktur. In diesen Zonen der Zerstörung gerät die Bevölkerung unter die Herrschaft von Räuberbanden, die die Reichtümer des Landes plündern und zu Dumpingpreisen auf den Weltmarkt anbieten, um sich von den Gewinnen mit modernem Kriegsgerät zu versorgen. Die Bekämpfung der Schurkenstaaten hat nicht etwa dazu geführt, dass die Schurken verschwinden, sondern die Staaten. Die wahren Schurkenstaaten sind jene Mächte[40], die mit Schock und Schrecken, mit Drohnenmorden und Kollateralschäden, mit Geheimgefängnissen und Folter Schneisen der Verwüstung hinterlassen, in denen immer neue Gegner nachwachsen.

In der neuen Logik der Netzwerke zählt die Kategorie des Raumes wenig. Wir haben es nicht mehr mit geostrategischen Schachbrettern zu tun, auf denen Heere um Grenzen kämpfen. Stattdessen spielt die schiere Größe im ökonomischen Sinn eine

---

39 Finance, Insurance and Real Estate: Banken, Versicherungen und Immobilienwirtschaft.

40 Dazu zählt auch Deutschland, von dessen Staatsgebiet aus etwa die Drohnenmorde in Teilen der Welt koordiniert werden, vgl. Jacques Derrida, *Schurken*, Frankfurt a. M. 2003, S. 143f.

bestimmende Rolle. Je größer ein Netzwerk ist, desto attraktiver wird es für neue Mitglieder und desto besser kann es seine Dominanz entfalten.

Seit einigen Jahrzehnten erwächst der globalen Finanzinfrastruktur eine andere Art von überstaatlicher Konkurrenz. Wenn es den Geheimdiensten gelingt, den gesamten Datenverkehr zu kontrollieren, können sie sich über die Grenzen der Staaten hinaus als Machtgebilde in globalem Maßstab ausdehnen, die Recht und Gesetz hinter sich lassen. Medientechnisch gesehen hat sich damit die Frage danach geklärt, welche Macht auf die Finanzmärkte im Fall ihrer Selbstvernichtung folgen wird.[41] Schon heute zeigen sich die ersten Wirkungen dieser technisch gegebenen Instanz der Macht, nicht nur in der allumfassenden Datengier der Dienste, sondern auch darin, dass die Konfliktlinien zwischen Netzwerken aufbrechen und nicht mehr entlang staatlicher Grenzen.

Die neuen Regierungen benötigen keine formale Struktur. Sie müssen nicht mehr mitteilen, woher ihre Macht kommt und was sie entscheiden. All die Kommunikation über Politik, an die wir uns in der Demokratie gewöhnt haben und die die offiziellen Medien nach wie vor verbreiten, zählt nicht mehr. Denn die wesentlichen Entscheidungen werden im Geheimen getroffen, in Hinterzimmern, Krisenzentren, von unbekannten Gremien und vor Geheimgerichten, unterstützt vom arkanen Wissen um die großen Datensammlungen. Die Öffentlichkeit wird wieder für dumm verkauft wie früher, als Politik nichts für alle war, sondern eine Angelegenheit der Herrschenden.

---

[41] Das wäre ein ganz anderes Ergebnis, als manche Kapitalismusgegner in ihrer eschatologischen Sehnsucht nach der großen Krise und der Selbstvernichtung des Kapitals erhoffen. Dem Finanz-Armageddon folgt nicht eine „World without Work“ (vgl. Nick Srnicek, Alex Williams, *Investing the Future: Postcapitalism and a World without Work*, London 2015), sondern erst einmal eine vollüberwachte Zone mit prekärer Arbeit am Rand der Algorithmen.

Finanzfeudalismus

Vermögende

In der globalen Finanzsphäre überschreitet der Geldverkehr die Grenzen der Nationalstaaten. Das alte Vermögen, nennen wir's mal so, hatte von sich selbst das Bild, noch im Nationalstaat verwurzelt zu sein, vielleicht sogar dem Allgemeinwohl zu dienen, auf jeden Fall aber dem eigenen Wirtschaftssystem, etwa im Wettbewerb mit dem sogenannten Kommunismus.

In den alten, patriarchalischen und nationalstaatlichen Strukturen war es durchaus noch üblich, dass ein Unternehmer persönlich die Entscheidung traf, wo zu investieren sei. Im globalisierten Umfeld wird das hinfällig. Investieren in Produktion lohnt sich nicht mehr, bleiben also Finanzprodukte. Dort übernehmen Profis die Anlagestrategie. Die Vermögenden sind mit der Vermehrung ihres Vermögens nicht mehr betraut. In ihrer Freizeit treffen sich die Großgeldbesitzer noch zum inszenierten Schaulaufen, in Davos oder anderen Luxusressorts in den Bergen. Wann immer sie ihre gemeinsamen Interessen geltend machen, geschieht das unter der Hand, in den Hinterzimmern der Politik und durch bezahlte Lobbyisten.

Um den Einfluss auf die Regierungen zu beschreiben, braucht man keine Verschwörungstheorien. Es genügt eine Anzahl verteilter Interessen, die im Fluss der Dinge jeweils so handeln, wie es ihnen günstig erscheint. Dass dabei auf das Gemeinwohl keine Rücksicht genommen wird, versteht sich von selbst.

Die Liberalisierung der Finanzmärkte hat den Vermögen in den letzten Jahrzehnten neue Möglichkeiten verschafft. Sie werden zwischen Staaten hin und her gebucht, je nachdem, wo sie sich am günstigsten vermehren lassen. Die Gesetzgebung der Europäischen Union hat sich hier in letzter Zeit als besonders hilfreich erwiesen. Ein Gewirr nationaler Regeln führt dazu, dass große Unternehmen Steuern nach Belieben durch kreative

Anlageformen und Buchführungstricks umgehen können. Dabei handelt es sich nicht um administratives Versehen oder Versagen, sondern um die gewollte Übertragung einer global »erfolgreichen« Methode auf den kleineren europäischen Rahmen.

Für die Vermögen ergibt sich aus der Standortkonkurrenz im Umkehrschluss der Wettlauf um die größte Rendite. Die riesigen Reichtümer, mit denen wir es heute zu tun haben, liegen global verstreut, auch wenn sie erst aus begrenzten, lokalen Geschäften gewachsen sind, wie etwa den Monopolen im Netz oder im IT-Sektor, gescheiterten Privatisierungen von Staatsbetrieben oder halblegalen Industrieübernahmen. Oligarchen gibt es übrigens nicht nur im Osten und in den ehemaligen Entwicklungsländern, sondern genauso im Westen.

Unter denjenigen, die so gern für so Vieles Verantwortung fordern, trifft man niemanden, der für das Ergebnis im Ganzen gerade steht. Denn mit den großen Vermögen geht keine gemeinsame Vertretung einher, sondern im Gegenteil ein Kampf aller gegen alle. Bei aller Konkurrenz einigt nur ein schlichtes gemeinsames Interesse alle großen Vermögen, nämlich der Wunsch sich zu mehren.

Strategien, die sich als erfolgreich herausstellen, werden in dem Netzwerk von Einfluss und Macht reproduziert. Dabei verfestigen sich Prozesse und schließlich auch Institutionen, die solche Prozesse managen und Regeln setzen. Diese sogenannten *regulatory bodies*[42] bleiben aber stets darauf bedacht, im Hintergrund zu walten und nicht zu viel Aufmerksamkeit auf sich zu ziehen, denn das könnte die Geschäfte stören. Wenn sie mit Staaten und ihren Vertretern verhandeln, ist Diskretion gefordert, wenn nicht gar Geheimhaltung.

---

[42] Eine Reihe dieser Gruppen trifft sich im »Basel Committee«, die Bank für Internationalen Zahlungsausgleich listet einige davon auf, www.bis.org/bcbs/coop_with_sec_and_ins.htm. Siehe auch »A brief history of the Basel Committee«, www.bis.org/bcbs/history.pdf.

Rendite wird heute auf zwei Wegen gesichert: Erst erzeugt man synthetische Gewinne, dann werden Abgaben und Steuern umgangen. Der Einsatz von synthetischem Geld, auch »Hebel« oder »Leverage« genannt, führt dazu, dass auch kleine Margen ansehnliche Renditen abwerfen. Die meisten derartigen Finanzverfahren laufen darauf hinaus, künftig erwarteten Gewinn gegen Risiken zu versichern. Das bringt die Gefahr mit sich, dass im Fall einer Krise sehr schnell massive Wertverluste auflaufen. Dann bleibt nichts anderes, als betroffene Institute zu verstaatlichen, Schulden inklusive.

Für all diese Spekulationen sind Kredite der wesentliche Rohstoff. Sie werden gegen Sicherheiten gewährt. Und mit dem aufgenommenen Geld wird wiederum der Wert der hinterlegten Sicherheiten erhöht. So dass diese wiederum beliehen werden können, und wiederum neue Forderungen in die Welt setzen, die wiederum angelegt werden können. Das Überhandnehmen derartiger »Investitionen« führt immer wieder zu Klagen der mit der Verwaltung des Geldsystems beauftragten Zentralbanken. Denn mittelbar verringern Finanzinvestitionen das Wachstum der Produktivität.[43] Investitionen lohnen sich nur noch in Werte, die als Sicherheiten taugen. Häuser zählen dazu, Produktionsstätten nicht, Forschung schon gar nicht.

Dem entspricht eine eigentümlich verdrehte Idee von Risiko. Wenn sich jemand mit einem rein finanzwirtschaftlichen Vertrag verpflichtet, in Zukunft Zahlungen zu leisten, dann gelten diese Zahlungen juristisch als sicher, einerlei ob er später zahlen kann oder nicht. Wenn jemand dagegen etwas produziert, weiß man nicht, ob er am Markt Käufer findet, also sind die zu erwartenden

---

[43] Stephen G. Cecchetti, Enisse Kharroubi, »Why does financial sector growth crowd out real economic growth?«, *BIS Working Papers*, Nr. 490, Februar 2015, S. 3.

Zahlungen unsicher. Deshalb gelten aus dieser Sicht Investitionen in der Finanzsphäre verglichen mit Investitionen in die Realwirtschaft als relativ sicher. Das blendet natürlich aus, dass die finanziellen Forderungen letztlich auf der Realwirtschaft beruhen. Betrachtet man es von der Seite der materiellen Produktion, sind alle finanziellen Forderungen das Ergebnis tatsächlich erfolgter Produktionsvorgänge.

Heute werden die eigentlichen Geschäfte nicht mehr mit der altmodischen Wertschöpfung durch Innovation, Investition und Verkauf von Produkten gemacht. Den großen Firmen geht es um etwas anderes. Sie wollen sich Zahlungen sichern, und zwar kontinuierliche fixe Zahlungsverpflichtungen, die man nicht ohne weiteres los wird, zum Beispiel für Wasser, Strom, Kommunikation oder auch Mieten. Daher sind Infrastrukturinvestitionen neuerdings so beliebt. Das mag ein Grund sein, weshalb sowohl internationale Gremien wie die OECD[44] und die Group of Thirty[45], als auch die Europäische Kommission[46] für solche Investitionen werben. Der Bürger trägt hier freilich den Schaden davon. Anstelle des Staates finanziert ein Investor die Großprojekte, wobei der Nutzer neben höheren Refinanzierungskosten auch noch für die gewünschten Profite aufkommen muss. Die Erfahrung mit Infrastruktur in Privatbesitz zeigt, dass sich zu höheren Kosten auch gern ein schlechteres Angebot mit geringerer Qualität gesellt. Für Investoren geht das bestens in Ordnung, solange nur kontinuierliche Zahlungsverpflichtungen entstehen, die vertraglich

---

44 Raffaele Della Croce, Stefano Gatti, »Financing Infrastructure«, in: *OECD Journal: Financial Market Trends*, Nr. 5, 2014, S. 123-138.

45 G30 Working Group, *Long term finance and economic growth*, Washington DC 2013.

46 »Investment in infrastructure project bonds are treated as corporate bonds, even when credit risk is tranched, instead of being treated as securitisations«, in: *European Commission, Solvency II Delegated Act – Frequently asked questions*, Memo vom 10. 10. 2014, europa.eu/rapid/press-release_MEMO-14-578_en.htm

festgeschrieben werden und sich damit unmittelbar in Vermögen verwandeln lassen.

Das Verfahren, Zahlungen in Vermögen, *flows in stocks*, zu verwandeln, ist selbst nicht neu. Es beruht auf der Formel zur Berechnung des Barwerts einer Rente, wie sie Sir William Petty schon im Jahr 1665 zur Berechnung des »Value of the People« verwendet hat.[47] Spekulation mit sogenannten »Annuitäten«, die auf dem gleichen Prinzip beruhten, waren schon im 15. Jahrhundert weit verbreitet[48]. Marx zählte derart aus Zahlungen errechnete Vermögenswerte zum »fiktiven Kapital« und bezeichnete es als die »Mutter aller verrückten Formen«.[49] Heute sind die entsprechenden Finanzverfahren internationaler Standard.

Der klassische Gewinn durch Produktion ist damit nicht ganz verschwunden, denn er profitiert ebenfalls von den globalen Freiheiten des Kapitals. Er wird in einem Spiel maximiert, das drei einfache Koordinaten kennt. Man produziert in einem armen Land so billig wie möglich. In wohlhabenden Gegenden werden die Waren so teuer wie möglich verkauft. Am Ende deklariert man die Gewinne man in Steueroasen und verteilt sie auf Offshore-Kapitalanlagen.

Mit dem Wegfall der Kontrollen über den Kapitalverkehr haben die Staaten ihre Handhabe verloren, die sich dabei anhäufenden Vermögen zu besteuern. Zu zahlreich sind die Wege, auf denen die großen Gelder sich dem Zugriff entziehen können. Wenn aber doch einmal gegen Banken vorgegangen wird, dann nicht, um Vermögen tatsächlich zu besteuern, sondern eher, um sie umzuleiten. Die Gelder fließen von einem Schlupfloch zum anderen, wobei diese Löcher in einer Welt, die rechtlich in Pro-

---

47 William Petty, »Verbum Sapienti« (1664), in: Ders., *The Economic Writings*, Cambridge 1899, S.99-120, bes. Kap. 2 »On the Value of the People«, S. 108-110.

48 Edwin W. Kopf, »The Early History of the Annuity«, in: *Proceedings of the Casualty Actuarial Society*, New York 1927, Band XIII, S. 255-266.

49 Karl Marx, *Das Kapital*, Bd. 3, MEW, Berlin 1986, Kap. 29, S. 483.

vinzen unterteilt ist, Finanzen aber keine Grenzen setzt, schon prinzipiell nicht zu stopfen sind.

Firmen spielen das Spiel unter dem Namen *regulatory arbitrage*. Dabei geht es darum, die Geschäfte so aufzuteilen, dass in jedem einzelnen Staat genau das deklariert wird, was gerade noch erlaubt ist. So dass am Ende und in der Kombination ein Deal herauskommt, der als Ganzer nirgends erlaubt wäre, aber die Abgaben gegen Null senkt.

Bubble Rotation plus

Bis vor einigen Jahren mussten die großen Gelder von einer Chance zur nächsten jagten. Waren die Preise an einer Stelle genug aufgebläht, wurde der nächste Fluchtpunkt gefunden, um die nächste Bubble aufzublasen. Die Folgen des Kapitalabzugs waren in der Regel verheerend, etwa in der Asienkrise oder auch in der Internet-Bubble. Mit der Häuserkrise des Jahres 2008 hat sich dieses Modell geändert. Denn das Platzen dieser letzten und bis dato größten Blase eröffnete einen neuen Ausweg. Die sogenannte ›Rettung‹ half genau jenen Vermögensverwaltern, die sich zu spät aus dem finanziellen Desaster verabschiedet hatten.[50] Was zuerst als einmalige Hilfsaktion gedacht war, ist mittlerweile zum Dauerzustand geworden. Zentralbanken hören mit dem Retten der Vermögen gar nicht mehr auf, und sie können auch nicht mehr aufhören. Deshalb Bubble Rotation plus. Zwar

---

[50] Detaillierte Untersuchungen liegen im Fall der UBS vor, so Tobias Straumann, »Die UBS-Krise aus wirtschaftshistorischer Sicht«, Zürich 2010, vuillaume.org/public_downloads/docs/ Straumann_de.pdf; und: Eidgenössische Bankenkommission, »Subprime-Krise: Untersuchung der EBK zu den Ursachen der Wertberichtigungen der UBS AG«, Zürich 2008, www.finma.ch/FinmaArchiv/ebk/d/publik/medienmit/20081016/ubs-subprime-bericht-ebk-d.pdf; sowie der »Transparency report to the shareholders of UBS AG«, www.ubs.com/global/en/about_ubs/transparencyreport.html

hasten die Gelder noch von einem Markt zum nächsten, aber stets mit der Gewissheit, gerettet zu werden. In einer Geschäftsstrategie, die wesentlich auf Kalkulation von Risiken abhebt, verändert sich alles, wenn der Steuerzahler als *risktaker of last resort* einspringt.

Für herkömmliche Anlageformen hat das grundsätzliche Konsequenzen. Denn zur Vermehrung des Reichtums bedarf es heute weder des Profits noch der Renten. Das Fallen der Zinsen allein reicht schon aus, um die Preise der Vermögenswerte steigen zu lassen.[51] Die Bubble rotiert im Plus-Modus nach neuen Spielregeln, wobei Vermögenswerte zu steigenden Preisen als Kollateral für neue Kredite herangezogen werden. Die neuen Kredite gehen wiederum in beleihbare Assets und treiben deren Preise.[52] Das ist Spekulation zweiter Ordnung, nämlich die Spekulation auf die Spekulation. Algorithmen machen in diesem Spiel eine massive Ausweitung des Handels möglich, wobei das sogenannte *High Frequency Trading* zwar intellektuell faszinierend ist, am Markt aber an Bedeutung verliert, während die »Algos« sich den größeren Märkten der Staatsanleihen und den damit verbunden Zinsswaps mit ihren enormen Umsätzen zuwenden und dort Gewinne aus letztlich endogener Geldschöpfung synthetisch herstellen.[53]

Wie lange dieses Spiel noch funktioniert, hängt von der Leistungsfähigkeit der modernen Geldverwaltung ab. Die fortlaufenden Rettungs- und Stabilisierungsmaßnahmen zwingen zu

---

[51] Auch dies ist altbekannt. »Ihr Wertbetrag [...] hat mit dem Fallen des Zinsfußes [...] notwendig die Tendenz zu steigen, so daß dieser imaginäre Reichtum [...] schon aus diesem Grunde im Entwicklungsgang der kapitalistischen Produktion expandiert.« Karl Marx, *Das Kapital*, Bd. 3, a.a.O., S. 494f.

[52] Vgl. Ralph G. Hawtrey, *Good and bad trade. An inquiry into the causes of trade fluctuations*, London 1913, S. 82f.

[53] Treasury Market Practices Group, »Automated Trading in Treasury Markets«, Juni 2015, White Paper, www.newyorkfed.org/tmpg/

immer extremeren Maßnahmen. Mittlerweile sind die Zinsen für Staatsanleihen einer ganzen Reihe von Ländern negativ.[54]

Banken

Die Banken sind die Diener der großen Vermögen. Banking beginnt damit, dass man auf Tischen und Bänken am Rand des Marktes nicht mehr nur Münzen tauscht, zählt oder verschneidet, sondern Buch führt und Zahlungen aushandelt. Der Wechsel ist das erste Bankprodukt in diesem Sinn, nämlich ein Vertrag über eine zu leistende Zahlung. Ursprünglich im 12. und 13. Jahrhundert mit dem Aufkommen des Papiers und zum Vermeiden riskanter Münztransporte gedacht, diente der Wechsel bald dazu, Zinsverbote zu umgehen und Zahlungen zu leisten.[55]

Mit dem Versprechen einer Zahlung, das die Wechsel vertraglich sichern, entwickelte sich ungefähr ab dem 15. Jahrhundert eine neue Praxis. Man ging dazu über, Forderungen von einer Person zu anderen weiterzureichen, wobei der neue Empfänger auf der Rückseite notiert wurde, ein ›Indossieren‹ genannter Vorgang. Damit verwandeln sich Schulden in Zahlungsmittel, und das ist das eigentliche Spiel der modernen Banken. Die Banknote wurde von Londoner Goldschmieden erfunden, in deren Tresoren die dortigen Kaufleute ihre Barschaft zu verwahren pflegten. Sie stellten Empfangsquittungen aus, die zu einer Art von anonymen Wechsel wurden, indem sie als Zahlungsanweisung zirkulierten.

Damit eröffnete sich die Möglichkeit des sogenannten »fractional reserve banking«. Banknoten konnten ja nicht nur gegen Einzahlung von Hartgeld ausgegeben werden, sondern auch auf

---

[54] Mit dem Maximum im April 2015: Deutschland bis 7 Jahre, Schweiz bis 10-jährige Anleihen mit negativer Rendite.

[55] Hermann van der Wee, Ginette Kurgan-van Hentenryk (Hg.), *Die Bank in Europa*, Antwerpen 2000, S. 96.

Kredit. Und das wiederum führte zu einer neuen Art von Risiko, dem *bankrun*.

Da eine Bank die ihr anvertrauten Gelder nicht einfach im Keller lagert, sondern weiter investiert, kann sie unmöglich auf einen Schlag alle Guthaben auszahlen. Sie hält in der Regel gerade so viel Bargeld vor, dass sie unter normalen Umständen mit einer kleinen Reserve durch den Tag kommt. Ein Gerücht, wie unberechtigt auch immer, reicht aus, um die Bank in die Pleite zu treiben. Besonders deutlich wurde dies am Beispiel der USA mit ihrer jahrzehntelangen Ära des Free Banking.[56] Die Institutionen der modernen Geldverwaltung, Bankenaufsicht, Zentralbanken und Einlagenversicherung, sind als Reaktion auf dieses Risiko zu verstehen

Geldschöpfung

Im volkstümlichen Aberglauben über Kredit, Verschuldung und den moralischen Wert des Sparens[57] scheint kaum eine Annahme weiter verbreitet, als die, dass Geld einen Wert ist und Schulden schlecht seien. Nehmen wir aber folgende Geschichte: A verspricht B, ihm 1 Geld zu zahlen und notiert das auf einen Zettel. B reicht diesen Zettel als Zahlung an C weiter, so dass A das Geld nun C geben soll. C weiter an D. Und so weiter. Damit läuft das Zahlungsversprechen von A als Geld um, und zwar genau so lange bis A sein Versprechen erfüllt und die Zahlungsforderung begleicht. Fassen wir zusammen: Zahlungsforderungen, Kredite, Schulden oder Zahlungsversprechen Dritter werden selbst wieder zu Geld. Und dieses Geld hört dann auf zu

---

[56] Charles W. Calomiris and Gary Gorton, *The Origins of Banking Panics: Models, Facts, and Bank Regulation*, Chicago IL 1990.

[57] So besonders in Deutschland, vielleicht aus einem Rest an protestantischer Ethik, aber mehr noch aus nachhaltiger Unkenntnis über moderne Ökonomie, vielleicht aber aus der verkannten Doppelbedeutung des Worts Schulden (»debt« und »guilt«).

existieren, wenn die Forderung beglichen wird. Noch kürzer: Kredit ist Geld. Rückzahlung von Kredit vernichtet Geld.

Nach allen Regeln der Buchführung entspricht jedem Kredit ein Guthaben. »Whenever a bank makes a loan, it simultaneously creates a matching deposit in the borrower's bank account, thereby creating new money.«[58] Der Vergabe von Krediten auf der einen Seite entsprechen auf der anderen Seite der Bilanz Forderungen. Wenn der aufgenommene Kredit ausgegeben und zugleich die zugeordnete Forderung weitergereicht wird, tragen beide Seiten zur Schöpfung von Geld bei. Der technische Ausdruck dafür lautet »Ausweitung der Bilanz« oder *expansion of the balance sheet*.

Das buchhalterische Verfahren der Geldschöpfung ist nicht der Zentralbank vorbehalten, sondern wird genauso gut von Privatbanken, von Schattenbanken und Schuldnern aller Art angewandt. Jede Finanzinstitution ist zur Geldschöpfung fähig, solange Dritte darauf vertrauen, dass sie ihre Zahlungsversprechen begleichen wird.

In seinen verschiedenen Formen und Quellen liegt Geld in einer pyramidenförmigen[59] Schichtung vor, die von der Spitze mit dem über jeden Zweifel erhabenen Geld der Zentralbanken über alle Stufen von Zahlungsversprechen bis hinunter zu obskuren Finanzprodukten reicht. Diese Pyramide hat die Eigenschaft, sich der wirtschaftlichen Lage anzupassen. Sie dehnt sich aus, wenn viel Kredit nachgefragt wird, und zieht sich in Krisenzeiten zusammen, wenn Liquidität knapp wird.

Aus der Sicht der Bank ist die Geldschöpfung ein durchaus riskantes Geschäft. Das frische Geld ist sofort weg, zurück bleibt

---

[58] Michael McLeay, Amar Radia, Ryland Thomas, »Money creation in the modern economy«, *Bank of England, Quarterly Bulletin*, 2014 Q1, Vol. 54, Nr. 1, S. 14.

[59] Das Bild stammt von Perry Mehrling, »Economics of Banking and Money, Part One, 2: The Natural Hierarchy of Money«, www.coursera.org/course/money, unserer Zeit der *asset bubbles* entspräche eher das Bild eines Blasebalgs.

eine Forderung, die nur durch zukünftige Einnahmen des Schuldners gedeckt ist. Der gesamtwirtschaftliche Effekt ist allerdings doppelt förderlich: Kreditfinanzierte Nachfrage stimuliert die Ökonomie und die Zahlungsverpflichtung treibt den Kreditnehmer zur Leistung an. Um die Risiken zu verringern, fordert die Bank Sicherheiten. Doch Sicherheiten können an Wert verlieren, die Investition des Kreditnehmers kann schiefgehen, aber die Risiken bleiben.

Die kritische Kennziffer der Kreditvergabe ergibt sich aus dem Verhältnis der Bilanzsumme einer Bank zu ihrem Eigenkapital, der sogenannten Leverage. Die Bankenaufsicht hat die Aufgabe, dafür zu sorgen, dass dieses Verhältnis nicht völlig aus den Fugen gerät.

Die internationale Vorgabe für die Eigenkapitalquoten der Banken, nach dem Sitz der Bank für internationalen Zahlungsausgleich »Basel III« genannt, war Anfang 2013 schon über 500 Seiten lang[60]. Die Bestimmungen wurden seit der letzten Krise verschärft, gefordert ist ein Eigenkapital von etwa 4,5 Prozent der risikogewichteten Investitionssumme.

Das Konzept der Leverage hört sich simpel an, wächst sich allerdings bei näherer Betrachtung zu einer recht komplexen Figur aus. Das beginnt beim Eigenkapital. Was gilt als Eigenkapital? Auch der Wert der erworbenen, verliehenen und als Sicherheit hinterlegten Werte steht keineswegs fest. Es gibt eine Reihe von Anlagen, etwa Derivate auf Anleihen einzelner Unternehmen, die praktisch nicht am Markt gehandelt werden, wohl aber vom Preis eines anderen Papiers abhängig sind. In diesem Fall wird der Wert modelliert – *mark-to-model*. Für Finanzanlagen, bei denen nicht einmal das möglich ist, gibt es Bewertungs-

---

[60] Yalman Onaran, »Basel Becomes Babel as Conflicting Rules Undermine Safety«, 3. 1. 2013, www.bloomberg.com/news/articles/2013-01-03/basel-becomes-babel-as-conflicting-rules-undermine-safety

modelle, die Kritiker als *mark-to-make-believe* verspotten[61], als herbeisimulierte Illusion von Wert. Hier wird die ansonsten so dröge Buchhalterei tatsächlich eine kreative Tätigkeit.

Das hochgehebelte System hat seine Auswirkungen auf den Rest der Wirtschaft. Ohne die extrem hohe Leverage hätte die Häuserkrise 2008 nie zu einer systemischen Bedrohung führen können. Je höher der Hebel, desto kleinere Störungen können sich als systembedrohend erweisen. Geändert hat sich, abgesehen von einigen nicht sonderlich wirksamen Regulierungsversuchen, an dieser Praxis wenig.

Dazu kommt der Sektor all jener Finanzdienstleister, die zwar nicht als Banken gelten, aber Finanzgeschäfte insbesondere der riskanteren Art anbieten. Seit 2007 läuft »the whole alphabet soup of levered up non-bank investment conduits, vehicles, and structures« unter der Bezeichnung Schattenbanken.[62] Viele der betreffenden Finanzinnovationen – CDS, MBS, SIV – waren am Verfahren der Verbriefung, *securitization*, beteiligt, das im Zentrum der Finanzkrise 2008 stand. Trotz des Desasters wird derzeit intensiv an der Wiederbelebung des Verbriefungsmarktes gearbeitet[63]

Auf der Finanzierungsseite bietet das *shadow banking* völlig neue Möglichkeiten. »Money Market funding of Capital Market lending«[64] ist die wohl einfachste Definition dessen, was vor sich

---

[61] Satyajit Das, »Mark-to-Make Believe – Still Toxic after all these Years!«, 21. 2. 2010, www.wilmott.com/blogs/satyajitdas/index.cfm/2010/2/21/MarktoMake-Believe--Still-Toxic-after-all-these-Years

[62] Paul McCulley, »The Shadow Banking System and Hyman Minsky's Economic Journey«, in: *Research Foundation Publications*, Dezember 2009, Vol. 2009, No. 5, S. 257-268.

[63] Z. B. Miguel Segoviano, Bradley Jones, Peter Lindner, Johannes Blankenheim, »Securitization: The Road Ahead«, in: *IMF Staff Discussion Note*, Januar 2015, www.imf.org/external/pubs/ft/sdn/2015/sdn1501.pdf

[64] Perry Mehrling, Zoltan Pozsar, James Sweeney, Daniel H. Neilson, »Bagehot was a Shadow Banker«, 5. 11. 2013, econ.as.nyu.edu/docs/IO/26329/Mehrling_10012012.pdf

geht. Die Methode meint so viel wie langfristige Schulden mit kurzfristigen Krediten zu finanzieren. Der *money market* oder Geldmarkt ist der kurzfristige Teil des Finanzmarktes, *capital market* der langfristige. Langfristige Schulden werden erst einmal gegen Währungs-, Zins- und Zahlungsrisiken abgesichert. Die Risiken stecken dann in sogenannten Derivaten.[65] Die nun vorgeblich risikofreien Schuldtitel können dann kurzfristig zu extrem niedrigen Zinsen am Geldmarkt beliehen werden.

Über kurzfristige Kredite erhält der Investor so das Geld zurück, das er für den Erwerb der langfristigen Titel vorgestreckt hat. Ziel ist es, aus der Zinsdifferenz zwischen den langlaufenden Schulden und den kurzfristigen Geldmarktkrediten einen Gewinn zu machen, der auch recht gering sein kann, wenn es nur gelingt, ihn so groß wie möglich zu hebeln. Die vielen kleinen Beträge summieren sich auf den globalen Finanzmärkten zu sehr großen Zahlen. Da kann schon mal eine Firma, die Zahlungsverpflichtungen auf Derivatemärkten verrechnet (»netting«) damit angeben, dass sie »just under 1.7 Quadrillion Dollar«[66] in einem Jahr durchlaufen lässt, das ungefähr 25fache der gesamten Weltjahresproduktion.

Auf gesetzliche Beschränkungen wird dabei wenig Rücksicht genommen, zeigt doch die Erfahrung, dass es weder genug Kapazitäten zur Aufklärung gibt, noch Banker strafrechtlich verfolgt werden. Tatsächlich muss der Homo Oeconomicus, den es vermutlich nirgendwo außer in der Finanzsphäre in Reinform gibt, das Verhältnis von Banken zu Gesetzen in rein ökonomischem Licht sehen. Es gibt keine Rechtswirklichkeit, sondern nur eine Handelswirklichkeit, die weiter reicht als der Arm des

---

[65] International Swaps and Derivatives Association, »The Value of Derivatives«, 2014, www2.isda.org/about-isda/

[66] »DTCC delivered strong operating and financial performance over the course of 2011. The value of all securities transactions settled at DTCC rose 2%, to just under $1.7 quadrillion«, in: Depository Trust and Clearing Corporation, *DTCC 2011 Annual Report: Managing Risks*, S. 1, www.dtcc.com/about/annual-report

Gesetzgebers. Daher werden Gesetze routinemäßig ignoriert oder umgangen und Strafen nach Risiko und Kosten einkalkuliert. Die Finanzwelt handelt nur rational, wenn sie sich dem Gesetz nicht mehr wirklich unterwirft. Seit in einem Staat verboten ist, was ein anderer erlaubt, gibt es kein Gesetz mehr, sondern nur noch eine Landschaft von Gesetzeslücken.

ZINSEN

Mit Schulden finanzierte Schulden machen den Kern der modernen Finanzwelt aus. Nach ihrem Marktwert zählen sie als Vermögen. Der Preis all dieser *financial assets* hängt von der zu erwartenden Rendite ab. Allerdings ganz anders, als man normalerweise erwarten wird und als es uns üblicherweise erzählt wird. Gewöhnlich denken wir, dass steigende Zinsen für Investoren oder Sparer gut seien, weil sie dann mehr einnehmen. Wenn aber die Einnahmen keine variable Größe sind, sondern fest stehen, dann löst sich die Gleichung anders herum auf. Dann sinkt bei steigenden Zinsen der Anlagewert. Und umgekehrt steigt deren Wert, wenn die Zinsen fallen. Das Vermögen vermehrt sich also nicht, indem es sich verzinst, sondern umgekehrt. Gerade in fallenden Zinsen liegt die Bedingung der Geldvermehrung. Diesem Umstand, und nicht allein der Ungleichheit der Einkommen, verdanken sich die jüngsten Vermögenszuwächse. Was wir in letzter Zeit erlebt haben, ist eine Dynamik steigender Preise für Anlagegüter aller Art, also Häuser, Land oder Staatsanleihen, die sich selbst antreibt. Je geringer die Zinsen, desto höher der verfügbare Kredit, desto größer die Nachfrage, desto weiter steigende Preise und weiter sinkende Zinsen.

Damit verdanken sich die Vermögen nicht mehr der Profitabilität, sondern der Geldschöpfung. Bei fallenden Zinsen können die im Wert gestiegenen *financial assets* mit einem größeren Volumen beliehen werden. Vermögen erweist sich ganz und gar als etwas, das sich aus anderer Leute Schulden herleitet. Es wird zur reinen Herrschaft, die aus und auf ihren Forderungen besteht. Diese Forderungen in ihrer Bewertung auch bei gegenläufigen Marktbewegungen aufrecht zu erhalten, ist derzeit die vornehmste Aufgabe der Zentralbanken.

Hier ergibt sich ein eleganter Ausweg aus dem Dilemma der fallenden Profitrate. An die Stelle des Profits oder der Rente tritt die Zunahme der Vermögen, solange nur die Zinsen immer weiter gegen Null streben. Dass diese Vermögen sich so gut wie nicht mehr rentieren, zählt nicht mehr. Sie müssen nur wachsen. Und sie wachsen gerade, weil die Zinsen gegen Null fallen. Das Konstrukt aus gegen unendlich strebenden Vermögen bei einer Verzinsung gegen Null gilt als sicher nur dank der fortlaufenden Hilfen der Zentralbank, für die die absolute Schuldenhöhe eine fiktive Zahl in den Büchern bleibt. Damit wären wir in dem Paradies angekommen, in dem das Geld einfach als Gabe verteilt wird, leider mit einem sehr ungleichen Verteilungsschlüssel. Es erhält nämlich genau der am meisten, der ohnehin schon am meisten hat.

Bei negativen Zinsen läuft diese Rechnung aus dem Ruder. Für Null wird die Höhe der Vermögen unendlich, für negative Zinsen verlässt sie den Definitionsbereich. Unendliche Annuitäten können damit nicht mehr berechnet werden, wohl aber endliche, was nichts anderes heißt als aufsummierte Rückzahlungen über eine Zeitspanne, die nicht mehr unbegrenzt ist. Die Umstellung in der Berechnung der Vermögenswerte hat eine philosophische Konsequenz. Negative Zinsen zwingen die Investoren, Vermögenswerte nur noch über eine endliche Zeitreihe von Zahlungseingängen zu berechnen. Das heißt, wenn man es generalisieren will, dass der Kapitalismus unter den gegenwärtigen Bedingungen sein eigenes Ende immer schon miteinkalkuliert.

So nützlich sich das System privater Geldschöpfung für das Wachstum der Wirtschaft erwiesen hat, auf Dauer führt es zu instabilen Verhältnissen. Ohne das Einschreiten der Zentralbank hätten sich 2008 die Kreditausfälle wie eine Kaskade durchs System gefressen. Sie hätten Geldmärkte großflächig zum Stillstand gebracht und die meisten der beteiligten Banken und Schattenbanken zahlungsunfähig gemacht. Das Finanzgebäude musste mit Methoden vor dem Zusammenbruch bewahrt werden, die zuvor nur im Kriegsfall zum Einsatz kamen.[67]

Per definitionem kann eine Zentralbank immer zahlen. Wenn sie zu tun verspricht, »whatever it takes«[68], sind keine Limits gesetzt. Freilich gibt sie nur ihre eigene Währung aus, was in Zeiten der Globalisierung durchaus eine Einschränkung darstellt. Zumal sie nicht einfach zahlt, sondern nur leiht, und zwar gegen Sicherheiten, wie jede andere Bank auch. Als Kollateral akzeptiert sie Zahlungsforderungen, vor allem Staatsschulden, Bank- und Unternehmensanleihen.[69] Der Kredit landet auf dem Empfängerkonto, ohne dass ein Geldschein die Hände wechseln müsste. In den Jahren vor 2007 bestand die Aufgabe der Zentralbank hauptsächlich darin, wirtschaftliche Dynamik durch Kreditvergabe zu fördern und gleichzeitig die Inflation in Schach zu halten.

In der Krise brachen die Preise für verbriefte Sicherheiten und gleichzeitig die private Kreditvergabe ein. Das hätte in der

---

67 Im Übrigen wurde die Bank of England genau für diese Art der Kriegsfinanzierung gegründet. Vgl. Halley Goodman, »The Formation of the Bank of England«, *Penn History Review*, Vol. 17, Herbst 2009, S. 10-30.

68 Mario Draghi, 26. 07. 2012: »But there is another message I want to tell you. Within our mandate, the ECB is ready to do whatever it takes to preserve the euro. And believe me, it will be enough.«, www.ecb.europa.eu/press/key/date/2012/html/sp120726.en.html

69 Vgl. EZB, www.ecb.europa.eu/mopo/assets/charts/html/index.en.html

global vernetzten Finanzwelt eine Kettenreaktion der Zahlungsunfähigkeit auslösen können. Übersteigen die Verluste dauerhaft das Eigenkapital der hochgehebelten Banken, fehlt diesen nicht nur temporär die Liquidität, sondern sie werden insolvent, gehen also Pleite. Tatsächlich, so stellte sich heraus, waren nicht nur Banken in das Desaster verwickelt, sondern auch Geldmarktfonds, Versicherungen und seltsame, am Finanzmarkt aktive Briefkastenfirmen. Das Konglomerat aus finanzmarktaktiven Nichtbanken, den sogenannten »Shadow-Banks«, erlebte seinen ersten *bankrun*.

Weltweit sahen sich Zentralbanken genötigt, in großem Umfang Schuldverschreibungen aufzukaufen, um deren Marktpreise zu stabilisieren. Damit wurden sie im Markt der großen Vermögen zu aktiven Händlern. Seitdem sind Zentralbanken Anleger, wobei ihr Ziel nicht darin besteht, selbst Werte zu halten, sondern die Bewertungen der anderen Anlagen zu stützen.

Diese Praxis verändert die gesamte Architektur des Finanzsystems. Offiziell verhält es sich zwar immer noch so, dass die Zentralbanken Sicherheiten in ihre Bilanz nehmen und dafür Geld verleihen. Aber im Unterschied zu vorher kommen diese Sicherheiten nicht auf den Markt zurück. Sie bleiben in den Büchern der Zentralbanken, um die zugrundliegenden Werte dauerhaft zu stützen. Damit wird der Notfall zum Normalfall. Aber die Maßnahmen wirken nur dann wie geplant, wenn die großen Zentralbanken sie koordiniert durchführen. Andernfalls führen sie auf den globalen Geldmärkten zu Zinsdifferenzen und in deren Folge zu enormen Kapitalströmen von Anlegern, die lieber mit sogenannten »Carry Trades« spekulieren, als realwirtschaftliche Investitionen zu riskieren.

In dem nun dauerhaft geltenden Ausnahmezustand sind die Zeiten vorbei, als Krisen den Markt von faulen Krediten bereinigten. Theoretisch könnten Zentralbanken diese Lage nutzen, um sich zu einer neuen Wirtschaftsregierung zu wandeln. Die Macht, zu entscheiden, welche Werte als Sicherheit akzeptiert werden und welche nicht, würden ihnen erlauben, das Verhalten der Teilnehmer an den Märkten zu lenken. Aber tatsächlich spielen die Zentralbanken ein eigenartiges Spiel. Nominell sind sie neutral und unabhängig. De facto stehen sie auf der Seite der Banken. Sie bilden eine Parallelregierung des großen Geldes, eine vierte Gewalt.[70] Diese Form der Herrschaft von Technokraten und Experten erscheint mehr als bemerkenswert in einem demokratischen Staat, in dem eigentlich das Volk der Souverän sein sollte.

GELDKRISE

In dem Kapitel über die *animal spirits*, also über die psychologische Dynamik der Wirtschaft, betont John Maynard Keynes, dass immer erst die möglichen Gewinne des nächsten Jahres die Phantasien wecken, die zu heutigen Investitionen ermuntern.[71] Nur das Zutrauen in kommendes Wachstum macht das gegenwärtige und tatsächliche Wachstum überhaupt plausibel. In einer fernen Zukunft, so Keynes weiter[72], in der Kapital nicht knapp, sondern im Überfluss vorhanden ist, wird Geld allein für seinen Gebrauch keinen Preis mehr verlangen können. Dann kann die Rendite nur noch das Risiko kompensieren. An diesem Punkt, so

---

70 Joseph Vogl, *Der Souveränitätseffekt*, Zürich 2015, S. 143ff.

71 John Maynard Keynes, *General Theory of Employment, Interest, and Money*, London 1936, hier zitiert nach der Online-Ausgabe cas.umkc.ed/economics/people/facultypages/kregel/courses/econ645/winter2011/generaltheory.pdf, Kap. 12, Abs. III, zum »Stand der langfristigen Erwartungen«, S. 97: »If human nature felt no nature felt no temptation to take a chance, no satisfaction (profit apart) in constructing a factory, a railway, a mine or a farm, there might not be much investment merely as a result of cold calculation.«

72 Ebd., Kap. 24, Abs. II., S.237: »I feel sure that the demand for capital is strictly limited in the sense that it would not be difficult to increase the stock of capital up to a point where its marginal efficiency had fallen to a very low figure.«

Keynes, werde es möglich, die Übermacht des Kapitals zu überwinden.[73]

Aber Keynes hat sich in seiner These vom sanften Tod des Rentiers verschätzt. Die Vermögenden verfügen über genügend politische Macht, um ihre Reichtümer auch dann weiter wachsen zu lassen, wenn der klassische Weg nicht mehr geht. Finanzinvestitionen verlieren mehr und mehr ihre Verbindung zur Realwirtschaft. Das Eingeständnis, dass die in den Zahlungsforderungen bereits verkaufte Zukunft nicht stattfindet, dass also die Anleihen, die auf sie laufen, nie bezahlt werden, lässt sich endlos aufschieben. Neue Geschichten, neue Hoffnungen und neue Versprechungen zögern den Moment immer noch ein Stückchen weiter hinaus. Deshalb gilt das sogenannte »Vertrauen« als so wichtig in der Finanzwelt, auch wenn es nur den Willen zur kollektiven Illusion bezeugt.

Sobald diese Illusion auffliegt, werden alle versuchen, ihre Forderungen einzutreiben. Dann stehen die Akteure vor der Alternative, entweder unterzugehen, oder Zahlungen mit allen Mitteln zu erzwingen. Das Eintreiben der Forderungen folgt derselben Eskalation, die vom Mahnbrief zum Gerichtsvollzieher zur Inkassomafia und zu Morddrohungen voranschreitet, nur in größerem Maßstab. Eine Fortsetzung der Finanzkrise mit anderen, sprich gewalttätigen Mitteln, ist deshalb keinesfalls auszuschließen.

Um eine große Kreditkrise zu vermeiden, darf die Bewertung der Vermögenswerte unter keinen Umständen fallen, da sie als Sicherheiten hinterlegt und zigfach beliehen sind. Weil aber andererseits der Ausnahmezustand, unter dem Zentralbanken eben diese Werte laufend stützen, schon zur neuen Normalität geworden ist, verfügt die Finanzsphäre über keinen Puffer mehr, um etwaige Störungen im System abzuwehren. Trotzdem kann der große konventionelle Crash nicht mehr stattfinden, seit die

---

[73] Ebd.: »I see, therefore, the rentier aspect of capitalism as a transitional phase which will disappear when it has done its work.«

Zentralbank die Ausweitung ihrer Bilanz als Mittel der letzten Wahl schon standardmäßig einsetzt.

Die Sollbruchstelle im System liegt nun anderswo, und zwar im Gegensatz zwischen einem internationalen Finanzmarkt und den noch national oder auf Währungsgruppen bezogen agierenden Zentralbanken. Kann eine Zentralbank Bankrott gehen, lautet eine der entscheidenden Fragen. Wohl nicht, solange sie innerhalb des eigenen Währungsraums agiert.

Die globale Verteilung führt notwendigerweise zu einer sich verschärfenden Konkurrenz der Währungsgruppen um Anteile an den internationalen Märkten und um die letzten Renditereserven. Anzeichen dieses Kampfes zeigen sich bereits jetzt in negativen Zinsen. Historisch gesehen führen derartige Konflikte regelmäßig auf ein und dieselbe Lösung zu. Sie heißt Krieg.

Der Hang zur gewalttätigen Lösung ergibt sich nicht nur aus Währungskonflikten und aus der Machtfrage, die sich beim Eintreiben der Forderungen stellt. Es kommt ein weiterer Effekt hinzu, der den Ausbruch von Gewalt nahe legt. Wenn Werte unsicher werden, beginnen die Anleger daraus zu flüchten. Risikofreudigere Marktteilnehmer kaufen sie auf. Währenddessen muss sich der auf Sicherheit bedachte Anleger nach neuen Gelegenheiten umschauen. Dabei bieten sich Werte an, die selbst wieder von einem verstärkten Sicherheitsbedürfnis profitieren, etwa Rüstungsfirmen. So steigt ganz von selbst das Interesse, sich mit Investitionen in Waffen gegen Unsicherheiten abzusichern. Auf diese Weise setzt sich eine Spirale in Gang, bei der die Flucht in Sicherheiten zu einem immer höheren Risiko führt.

Finanzfeudalismus

Tritt eine Krise ein, versucht man als erstes, Arbeitseinkommen zu senken. Dann, so die dominierende Theorie, wird der geringeren Kosten wegen die Wirtschaft wieder auf die Beine kommen. Gleichzeitig müssen zweitens, und das ganz besonders im

Fall einer Finanzkrise, die Vermögen erhalten und die Banken gerettet werden. Die dazu verwendeten Gelder gehen samt und sonders in den Markt für Vermögensanlagen. Diese sogenannte Rettung führt zu einem System, das gleichzeitig den Leuten Tribute abverlangt und den Vermögenden Sicherheit verspricht. Wir geraten damit in eine neue Form der Feudalherrschaft.[74]

Der neue Feudalismus unterscheidet sich vom alten, für den es noch das unmittelbare Machtverhältnis zwischen Herr und Knecht gab. Damals konnte der Herr noch von seinem Leibeigenen Tribut verlangen. So läuft das heute nicht mehr. Finanzverhältnisse sind anonymisiert. Niemand muss mehr wissen, an wen die geforderten Zahlungen gehen.

Es gibt eine natürliche Grenze, bis zu der der von der Finanzelite beanspruchte Anteil am gesamten Einkommen wachsen kann. Die Welt kann nicht mehr geben als alles, was sie hat und herstellt. Historisch gesehen wäre schon ein Zehntel davon ein enormer, im Verlauf der Weltgeschichte selten und nur um den Preis von Volksaufständen erreichter Anteil. Derzeit gibt es Vermögen in Höhe von ungefähr 250 Billionen Dollar. Die jährliche Gesamtproduktion der Welt bewegt sich um 70 Billionen Dollar.

Wir streben auf einen idealen Zustand zu, in dem sich die Vermögen mit Hilfe der Zentralbank vermehren, während die sogenannte Realwirtschaft zum kostspieligen Randbereich absinkt. Je mehr sich die Vermögen allein aus der Finanzsphäre nähren, desto unwichtiger wird die Produktion. Stellen wir uns vor, wir könnten eine Menge an Finanzassets ständig beleihen, ständig ein weiteres Einkommen generieren. Niemand, der noch ein Fünkchen Verstand hat, würde noch in Produktion investieren. Damit wäre die ökonomische Aktivität im herkömmlichen

---

74 Michael Hudson: »But in reality it is a lapse back into a rentier economy, and even into a kind of neofeudalism. The post-2008 bailouts have vested a new rentier elite to lord it over the 21st century […].«, michael-hudson.com/2012/04/productivity-the-miracle-of-compound-interest-and-poverty/

Sinn eingefroren. Die perfekte Finanzwelt braucht weder Konsum noch Produktion, weder Käufer noch Arbeiter.

Das wäre die Verwirklichung des totalen Finanzkapitalismus als das Ende jeder konventionellen Wirtschaft. Wenn sich alle Finanztransaktionen in einem großen Netz von Computern abspielen, in dem Finanzwerte hierhin und dorthin verschoben, gehebelt und vermehrt werden, dann hat das mit dem alten Kommando lebendiger Arbeitskraft nichts mehr zu tun. Wir wären zwar alle von bezahlter Arbeit befreit, aber eben auch von allen lebensnotwendigen Gütern.

Denken wir noch einen Schritt weiter. Stellen wir uns einen Moment die vollkommene Ungleichheit vor, in der 1% alles hat und 99% nichts. Auch wenn dieser Zustand nie eintreten kann, wir streben darauf zu, und die Frage ist, wie nahe wir ihm kommen können. Auf dem Weg in diese Welt müsste industrielle Produktion dauerhaft subventioniert werden oder wäre ständig defizitär, nur gut für die Vermögen, denn damit kämen erfreulicherweise immer neue Schuldtitel auf den Markt. Das Einkommen in dieser Welt würde allein über Finanztransaktionen erzielt. Das prekäre Leben der 99%, die ihre Existenz ohne Einkommen, von gelegentlichen Hilfeleistungen und ohne Chancen fristen, würde sich vollkommen in eine Schattenökonomie verlagern. Während auf der einen Seite eine kleine Elite sich alles aneignet, was noch produziert wird, und nur noch das sich produzieren lohnt, was die Elite will, wird der große Rest der Menschheit von Billigheimern mit Massenwaren abgespeist, lebt zwischen prekären Anstellungen und Arbeitslosigkeit oder ist auf der Flucht aus der sich ausweitenden Desasterzone.

Revolution und Verwaltung

Ohne Revolution

Die Zeit der Revolutionen ist vorbei. So gut all unsere Freunde und wir selbst auch miteinander vernetzt sein mögen, ein revolutionäres Subjekt wird sich in den »social media« unserer Tage kaum herausbilden.[75] Zwar gibt es Bewegungen für und gegen alles Mögliche, den Klimawandel, die Globalisierung, die Finanzindustrie, aber sie verzetteln sich im Partikularen. Oder sie wachsen wie Occupy rasch zu beachtlicher Größe, um dann ebenso rasch zu zerfallen.

Thematisch orientierter Aktivismus verliert sich in der Vielfalt der vorhandenen Forderungen und der angedockten Communities. Eine kann gerade so gut gegen die Bankenherrschaft sein, wie der Andere bestimmte Sneakers mag, oder Dritte einen Fußballverein. Die Occupy-Bewegung hat zwar vielleicht am richtigen Konflikt angesetzt, aber eben gezeigt, dass es über temporären Aktivismus vorübergehend vereinigter Communities hinaus kaum zum gemeinsamen politischen Handeln kommt. Um nachhaltig politische Veränderungen herbeizuführen, fehlt die über das bloße Ereignis hinaus reichende Organisation.[76]

Demokratische Rituale geben gleichfalls wenig Anlass zur Hoffnung. Unter postdemokratischen Bedingungen gelingt es nur noch in Ausnahmefällen, Forderungen in eine Bewegung zu übersetzen und unbeschadet in eine Regierung zu tragen. Das Ungenügen der modernen Demokratie liegt daran, dass sie an allen Fronten dem ökonomischen Regime den Vortritt lassen muss. Es bleibt kaum mehr etwas zu regieren.

---

[75] Comité invisible, *A nos amis*, a.a.O., S.101ff.

[76] Zeynep Tufekci: »Online social Change: easy to organize, hard to win«, 2015, www.ted.com/talks/zeynep_tufekci_how_the_internet_has_made_social_change_easy_to_organize_hard_to_win/transcript

Ohnehin liegen die praktischen Entscheidungen in den Händen der Vermögensvertreter. Wenn es irgendwo noch das Gefühl einer Klassenzugehörigkeit gibt, dann dort. »There's class warfare, all right, but it's my class, the rich class, that's making war, and we're winning.«[77]

Selbst wenn es gelingt, gegen die Parteien der Vermögenden Wahlen zu gewinnen, ändert das an der Lage wenig. Im Standortwettbewerb bleibt das Land weiter den Investoren ausgeliefert.

Letztlich zieht sich die für den Moment erfolgreiche Masse zurück, um nach fehlgeschlagenen Wahlen die Regierung wieder Regierungsparteien, dem Militär oder Oligarchen zu überlassen. Und das nicht einmal gegen den Willen, sondern oft mit Billigung der Mehrheit, die die Stabilität und Ordnung einer Diktatur allemal dem Chaos einer scheiternden Revolution vorzieht.

Das romantische Ideal der heroischen Revolution ist vorbei. Selbst der etwas verwegenere Traum vom geheimen Untergrund oder einem kommenden Aufstand zieht nicht mehr. Seit damit zu rechnen ist, dass alle Kommunikation überwacht wird, haben sich subversive Konspirationen erledigt. Wo immer sich Widerstand »geheim« stellt und gewalttätig gibt, können wir davon ausgehen, dass er schon unter fürsorglicher Beobachtung steht und im stillen Einvernehmen mit den betroffenen Diensten agiert.

Auf der anderen Seite bleibt die Lage gespannt. Die politischen Gegensätze und wirtschaftlichen Ungleichheiten verschärfen sich derart, dass grundsätzlich eine revolutionäre Situation entsteht, oder um es anders zu sagen: eine Veränderung unausweichlich scheint. Das führt zu einem grundlegenden Widerspruch, etwas hegelianisch ausgedrückt. Die Situation wird untragbar, aber niemand kann sie ändern. Wir kochen in einer Art von dialektischem Dampfkessel, in dem zum revolutionären Druck noch das revolutionäre Subjekt fehlt.

---

[77] Warren Buffett im Interview mit Ben Stein, »In Class Warfare, Guess Which Class Is Winning«, *New York Times*, 26. 11. 2006.

Der Begriff der Revolution leidet unter dem sehr romantisierenden Bild, das wir uns von ihr machen. Die Idee vom heldenhaften Volksaufstand, die Hoffnung auf das große politische Manifest und den charismatischen Führer beschreiben politische Figuren und Ereignisse, die mit den tatsächlichen Verschiebungen im Gefüge der Macht wenig zu tun haben. Wenn überhaupt, dann entspricht die Geschichte von Individualhelden und der großen Erneuerung am ehesten dem Narrativ vom kapitalistischen Unternehmer und der permanenten Innovation.

Betrachten wir dagegen die Revolutionen von der Seite der Verwaltungen und der Organisationsformen her, stellt sich die Sachlage etwas anders dar. Nehmen wir die Französische Revolution als Beispiel.[78] Die Gründung der Republik gelang nur unter der Bedingung, dass in der zuvor herrschenden absoluten Monarchie schon eine allgemeine Verwaltung existiert hat. Die Administration stellte detaillierte Wirtschaftspläne auf, kannte ein allgemeines Recht und ein Wahlrecht, auch wenn die damit verbundenen Regierungsmöglichkeiten durch ein Parlament korrumpiert wurden, das die Interessen der Allgemeinheit nicht repräsentierte. Entscheidend ist, dass die Verwaltung schon vorher nicht mehr nur den königlichen Hofstaat betraf, sondern das ganze Land. Der Fortschritt der Administration entfaltet sich im Hintergrund, ohne gleich politisches Programm zu werden. Aber ihre Routinen stecken die Koordinaten jeder möglichen politischen Praxis ab, auch der revolutionären.[79]

---

[78] Althusser nimmt als Beispiel die russische Revolution: »Selbst nach einer Revolution wie der von 1917 hat sich ein großer Teil des Staatsapparats gleichsam nicht vom Fleck gerührt...«, in: Louis Althusser, *Ideologie und ideologische Staatsapparate*, Hamburg 2010, S. 52.

[79] Vgl. Niklas Luhmann, *Politische Soziologie*, Frankfurt a. M. 2010, S. 151: »Erst aus der Ausdifferenzierung der Bürokratie ergibt sich das, was jetzt Politik sein kann.«

Der mit der Revolution kommende Wandel übersetzt die administrativen Möglichkeiten in ein neues Verhältnis der Menschen untereinander und zur Allgemeinheit. Wenn es Rechte und Wahlen bereits gibt, lautet die vernünftige Forderung, sie für alle gleich anzuwenden. Menschenrechte, eine Verfassung und ein allgemeines Wahlrecht sind dann keine im engeren Sinne revolutionären Forderungen, sondern vernünftige Verfahren, um die Verwaltung zu vereinfachen. Ein Recht, das jedem Menschen gleich zusteht. Eine Verfassung, die einen verbindlichen Rahmen festschreibt. Und Wahlen, die jeder und jedem die gleiche Mitsprache geben. Mit diesen drei verwaltungstechnisch bereits angelegten Verfahren überwindet die neue Republik die Herrschaftsform des Absolutismus.

Hinter der Revolution agiert die Administration als stille Komplizin, ohne die es aussichtslos wäre, den Umsturz überhaupt anzuzetteln. Die neuen, zeitgemäßen Organisationsformen stehen schon bereit, werden aber von altertümlichen autokratischen Herrschaftsformen noch zurückgehalten. Der eigentliche Umbau der Gesellschaft ist schon gelaufen, bevor am Schluss der König geköpft wird.

Wenn man sich Revolutionen von ihren Folgen her ansieht, stellt man fest, dass in der Regel etwas anderes herauskommt, als ursprünglich gefordert. Die neuen Freiheiten des Einzelnen und die Rechtssicherheit bilden im Fall der französischen Revolution am Ende die Grundlage für den nachfolgenden Aufschwung des freien Unternehmertums, und damit für das Vordringen des Kapitalismus, allerdings unter einer formell wieder installierten Monarchie.

Ähnliches gilt für die russische Revolution. So sehr Lenin auch gefordert hatte, den Staatsapparat zu zerschlagen, die

Räterepublik[80] verwandelt sich unter Stalin zur Kaderherrschaft und führt die Bürokratie des Zarenreichs fort.[81]

Die Erschütterung durch die Revolution bewirkt zweierlei. Erst befreit sie die Verwaltungen aus einem altertümlichen Regime und ermöglicht es, Prozesse und Regeln zu vereinfachen und zu klären. Dann zieht sich der konsolidierte Staat zurück auf die naheliegendste verfügbare Regierungsform[82], vorausgesetzt er bleibt erhalten und zerfällt nicht in rechtlose, von Banden beherrschte Territorien.

VERWALTUNGSHORIZONT

Die Verwaltung bildet die durchlaufende administrative Kontinuität des politischen Apparats. In ihren Formaten und Verfahren entwickelt sie die Grundlagen der politischen Praxis und greift jeder möglichen Regierung vor. Das Interesse der Verwaltung,

---

80 Vgl. der Kampf gegen den Apparat in: »Eine der Kernfragen der Revolution«, Lenin, *Werke*, Bd. 25, S. 378-386, Berlin 1972, und 6 Jahre später das etwas ernüchternde Einlenken in. »Lieber weniger, aber besser«, Lenin, *Werke*, Bd. 33, S. 471-490: »Ich glaube, daß es in keiner einzigen wirklich großen Revolution je anders zugegangen ist, weil die wirklich großen Revolutionen geboren werden aus den Widersprüchen zwischen dem Alten, zwischen dem, was auf die Verarbeitung des Alten gerichtet ist, und dem ganz abstrakten Streben nach einem Neuen, das schon so neu sein muß, daß kein Quentchen der alten Zeit mehr darin enthalten ist. Und je schroffer diese Revolution, desto länger die Zeitspanne, während der sich eine ganze Reihe solcher Widersprüche halten wird.«

81 Stalin, dessen Herrschaft ja selbst auf den Kadern, genauer: den mittleren Kadern ruhte, wie Žižek sehr schön zeigt. Slavoj Žižek, *Die Revolution steht bevor. Dreizehn Versuche über Lenin*, Frankfurt a. M. 2002, S. 43.

82 Etwa in Ägypten, wo sich die Demokratie nicht als stabil erwies – aus welchen inneren oder äußeren Gründen auch immer –, das deshalb in eine Militärdiktatur zurückfällt, und Tunesien, das eine Demokratie zu errichten scheint.

wenn es so etwas überhaupt gibt, kennt keine politische Dimension. Sie hat nur zwei Bedürfnisse, nämlich Verfahren zu optimieren[83] und sich gleichzeitig als Institution selbst zu erhalten.

Welche politische Richtung die Veränderung nimmt, bleibt sich verwaltungsmäßig gleich. Verwaltungen sind politisch neutral, sie können ebenso gut die eigene Bevölkerung terrorisieren, wie ihre Amtshandlungen zum Wohl Aller einsetzen.

Was das Verhältnis von Verwaltung zur Regierungsform betrifft, lässt sich unsere gegenwärtige Lage gut mit der vor der bürgerlichen Revolution vergleichen. So wie man es damals mit den vererbten Ansprüchen einer absolutistischen Monarchie und des feudalen Hofstaats zu tun hatte, gelten heute die Forderungen einer weltumspannenden Klasse ultrareicher Finanzfeudalisten und ihrer Vermögensverwalter. Wenn wir diese Lage ganz im Rahmen der bürgerlichen Moral betrachten, lässt sich das ungefähr wie folgt übersetzen: Wir haben zwar politische Beteiligung, von der vollen Teilhabe an der ökonomischen Welt bleibt aber ein Großteil der Menschheit ausgeschlossen. Der rechtlichen Befreiung von damals, mit Verfassung, Menschenrechten und unabhängigen Gerichten, würde heute eine wirtschaftliche Gleichberechtigung entsprechen. Das umfasst ökonomische und soziale Grundrechte, etwa die Befriedigung der Grundbedürfnisse, aber noch darüber hinaus das Recht einer und eines jeden, am wirtschaftlichen Wohlstand beteiligt zu werden.

Geldverwaltung

Allen Ungleichheiten und Krisenanfälligkeit zum Trotz läuft auf der Finanzseite einer der fortschrittlichsten Verwaltungen, bestehend aus Zentralbanken und den sogenannten *standard setting bodies*. Diese Institutionen operieren hinter den Geld- und

[83] Vgl. der »Gemeine Styl« und die Entschlackung der preußischen Verwaltung, Cornelia Vismann, *Akten*, Frankfurt a. M. 2000, S. 226.

Finanzmärkten, setzen Regeln und greifen im Notfall ins Marktgeschehen ein. Im Verlauf der letzten Krise hat sich gezeigt, dass sie durchaus handlungsfähig sind. Den Herausforderungen eines Notfalls zeigten sie sich gewachsen, wenn auch unter dem Einsatz unglaublich hoher Geldsummen. Grob geschätzt wurden zur Überwindung der Finanzkrise um die 20 Billionen Euro aufgewandt, ein Betrag in Höhe fast eines Drittels der gesamten Weltjahresproduktion. Die Rettungsmaßnahmen laufen bis heute weiter, denn die Notlage ist keineswegs überwunden. Man kann nun kritisieren, dass mit den enormen Mitteln nichts weiter erreicht wurde, als die großen Vermögen zu stabilisieren. Mit dermaßen viel Geld wäre es durchaus möglich gewesen, die »secular stagnation«[84] – den der Krise folgenden strukturellen Stillstand – zu überwinden, anstelle nur zu verlängern.

Doch dass die Verwaltung nicht das Richtige gemacht hat, darf man nicht ihr ankreiden. Die Maßnahmen waren finanzpolitisch gewollt. Entscheidend ist, dass sie bewiesen hat, überhaupt etwas machen zu können. Das Richtige kann sie erst dann machen, wenn sie die falsche Regierung los ist. Daher zielen die vernünftigen Forderungen darauf ab, die Geldverwaltung den Banken zu entziehen und dem Gemeinwohl zu verpflichten.

Drei Verwaltungen

Wir haben heute drei mögliche Verwaltungen – zwei bereits bestehende administrative Ordnungen und eine sich neu formierende Organisationsform: die staatliche Verwaltung, die Verwaltung der Finanzen, und die digitalen Netzwerke. Jede von ihnen eröffnet auf ihre je eigene Weise den Horizont für eine künftige Revolution. Die Staatsverwaltung hat ihren Beitrag in der bürgerlichen Revolution geleistet. Im 19. Jahrhundert wurden die in

[84] Lawrence H. Summers, »Have we Entered an Age of Secular Stagnation?«, *IMF Economic Review* 63, S. 277-280, April 2015.

Europa entstandenen Rechtssysteme und administrativen Routinen weltweit nachgebildet. Das revolutionäre Potenzial dieser staatlichen Verwaltung ist damit mehr oder weniger ausgeschöpft. Sie befindet sich im geordneten Rückzug, der derzeit vor allem unter dem Begriff »Reform« läuft.

Seit den Regierungen und Parlamenten das Regieren entzogen wird, verlieren sie auch vor der real existierenden Verwaltung mehr oder mehr an Bedeutung. Es mag alles Mögliche beschlossen werden, aber letztlich bestimmt oft die Administration, was effektiv umgesetzt wird.[85] Das betrifft auch gerade grenzüberschreitende Projekte, denen eine einheitliche politische Organisation ohnehin fehlt. Zu dem Niedergang der alten Staatsverwaltung trägt bei, dass die großen Vermögen und ihre Interessenvertreter in funktionierenden staatlichen Wirtschaftseinheiten vor allem Profitquellen sehen, die sie sich mehr oder weniger räuberisch aneignen – oder »privatisieren« wie man ganz im Wortsinn übersetzt sagt. Ihr Einfallstor sind überstaatliche Institutionen und Abkommen – siehe etwa die von Lobbyisten belagerte EU oder internationale Abkommen, die fälschlich vorgeben, dem Freihandel zu dienen.

Die Finanzverwaltung erreicht dagegen gerade erst den Punkt, an dem ihr revolutionäres Potenzial sichtbar wird. Im 19. Jahrhundert, also während der bürgerlichen Revolution, befand sich das Gebiet der Bankerei und der Geldverwaltung in einem Zustand wie die Staaten im Mittelalter. Die Geschäfte von Banken und Geldräubern aller Art verliefen weitgehend unkoordiniert. Erst nach den Krisen der frühen Industrialisierung, besonders in England, wurden für diesen Bereich Regeln und Verwaltungsformen entwickelt. Die Konsolidierung dieser Verfahren setzte mit Walter Bagehot[86] ein und dessen Forderung nach einer Bank der Banken als *lender of last resort*. Er stellte Regeln auf,

---

[85] Vgl. die Fehleinschätzung von Varoufakis, in Gremien wie der Eurogruppe überhaupt etwas verhandeln zu können.

[86] S. Perry Mehrling, *The New Lombard Street*, a.a.O., S. 18ff.

was im Fall einer Finanzkrise, damals wegen Problemen der Wechseldiskontierung, zu tun ist, um den Geldkreislauf aufrecht zu erhalten und die Zahlungsfähigkeit zu stabilisieren, ohne das System im Ganzen zu erschüttern. Damit wurde die Grundlage für eine moderne Geldverwaltung gelegt. Heute operiert dieses System am Rand seiner Möglichkeiten.

In der letzten Krise hat die Finanzverwaltung bewiesen, dass sie sehr wohl noch revolutionäres Potenzial hat, obwohl oder gerade weil ihre Maßnahmen ausschließlich dem Interesse der Finanzfeudalisten dienen, was im Übrigen ganz ihrem erklärten Zweck und ihrer Geschichte entspricht.[87] Seit es Zentralbanken gibt, besteht ihre Aufgabe darin, das Finanzsystem zu stabilisieren, d. h. es im Interesse des Geldes und seiner Besitzer zu lenken. Gerade hierin liegt das Potenzial für einen revolutionären Umbau. An sich sind Finanzinstitutionen wie alle Verwaltungen keineswegs revolutionär. Aber sie bevorzugen vernünftige, überzeugende und klare Regeln, die den ausführenden Beamten Weber'sche Gewissenskonflikte und unnötige Tricksereien ersparen.

Die kommende Finanzrevolution müsste nichts weiter tun, als die in den Routinen der Geldadministration schon angelegte Vernunft zu entfalten. Die Verwaltung selbst kann das nicht veranlassen, denn sie trifft keine politischen Entscheidungen. Daher bleibt sie darauf angewiesen, dass Interessengruppen oder politische Organisationen beschließen, was zu tun ist. Im Fall der Finanzverwaltung müssen die übergeordneten Institutionen, also die Zentralbank und die den Geldmarkt verwaltenden Körperschaften demokratisch legitimiert und dem Allgemeinwohl verpflichtet werden. Wären sie erst einmal aus dem Regime der Finanzfeudalisten befreit, müssten sie sich nicht mehr darauf beschränken, immer größere Haufen an nutzlosen und brachliegenden Vermögen zu hüten.

Um unter den gegenwärtigen Bedingungen die Krise nachhaltig zu überwinden, müssten die Zentralbanken in einem

---

[87] Vgl. hierzu auch Joseph Vogl, *Der Souveränitätseffekt*, a.a.O., S. 161.

Bereich intervenieren können, der ihnen aufgrund ihrer Entstehungsgeschichte bisher versperrt ist.[88] Als Banken der Banken dürfen sie nur in Geldmärkte eingreifen und haben nicht das Recht, fiskalpolitisch zu intervenieren. Dabei würden die Zentralbanken sehr wohl über die analytischen Möglichkeiten verfügen, um die gesamtwirtschaftlichen Bedingungen umfassend zu steuern. Ihre Vertreter weisen immer wieder darauf hin, dass zur Stabilisierung der Ökonomie weitere Maßnahmen von Seiten der Regierung nötig sind. Einzugreifen ist ihnen per Gesetz untersagt, denn sie dürfen mit dem Geld, das sie unbegrenzt schöpfen können, weder Leute beschäftigen, noch Staaten finanzieren. So haben wir in Gestalt der Zentralbanken eine Art von Verwaltung, die zwar sinnvolle Maßnahmen beschließen könnte, aber davon abgehalten wird, sie umzusetzen.

Modelle

Wenn Richtung und Grenzen revolutionärer Möglichkeiten durch Verwaltungsroutinen vorgegeben sind, folgert daraus, dass sich in den Verfahren und Techniken der Administration die möglichen Forderungen bereits zeigen. In den letzten Jahren geraten die Modelle und Simulationsverfahren der Ökonomen in Bewegung. Grundsätzlich sind sämtliche Modelle von den verfügbaren Daten angetrieben,[89] also von Datenbanken und Rechengeschwindigkeiten.

---

[88] Pavlina R. Tcherneva, »Reorienting Fiscal Policy after the Great Recession«, Levy Economics Institute of Bard College, Working Paper 719, Mai 2012, www.levyinstitute.org/pubs/wp_719.pdf

[89] Narayana Kocherlakota: »There were a number of reasons for this slow diffusion of methods and models. My own belief is that the most important issue was that of statistical fit. The models of the 1960s and 1970s were based on estimated supply and demand relationships, and so were specifically designed to fit the existing data well.«, in: *Modern Macroeconomic Models as Tools for Economic Policy*,

Bis vor kurzem setzten Zentralbanken vor allem auf dynamisch-stochastische Gleichgewichtsmodelle (DSGE), die das Wirtschaftsgeschehen vor allem in Durchschnittswerten bemessen, wenn auch seit der Krise viel daran gearbeitet wurde, die groben makro-ökonomischen Verfahren aus den 1980er Jahren zu verfeinern. Bis dato wurden etwa alle Löhne oder die gesamten Umsätze aufsummiert, genauso wie die meisten anderen Kenngrößen. Dementsprechend beziehen sich auch Planungen und Maßnahmen vor allem auf ungenaue Aggregate. Die Ungleichheiten, an denen unser System leidet, werden oft schon von vornherein über Durchschnittswerte herausgerechnet.

Mittlerweile kommen auch andere Modelle zum Einsatz, die einzelne Teilnehmer betrachten und das ökonomische Gesamtsystem als Netzwerk aus dem Verhalten vieler individueller Akteure berechnen.[90] Die Körnung der Verfahren wird sich mit der Fülle verfügbarer Daten weiter und weiter verdichten bis zu einem Punkt, an dem jede einzelne ökonomische Transaktion im Gesamtmodell abgebildet werden kann.

Die Folgen der neuen Modelle für Verwaltung und Politik lassen sich heute schon abschätzen. Auch wenn konkrete Anwendungen erst einmal nur neue Regulierungsformen und Stresstests für Banken betreffen[91], zeichnet sich im Großen die Möglichkeit ab, globale Regelungen zu vereinbaren, die den engen nationalen Rahmen überwinden. »There may be greater scope to coordinate macro-prudential tools. One way of doing so is to

---

Federal Reserve Bank of Minneapolis, 2009 Annual Report Essay.

90 Vgl. zu diesem Übergang: »Agents of change. Conventional economic models failed to foresee the financial crisis. Could agent-based modelling do better?«, *The Economist*, 22. 07. 2010.

91 Andrew Haldane, »On microscopes and telescopes«, Vortrag vom 27. 03. 2015, www.bankofengland.co.uk/publications/Documents/speeches/2015/speech812.pdf, S.19.

develop macro-prudential instruments which operate on an asset-class basis, rather than on a national basis.«[92]

Wie bei jeder technischen oder medialen Neuerung gilt auch in diesem Fall die Regel, dass Institutionen zuerst versuchen, neue Technologien ohne interne Veränderungen ihrer Routinen zu integrieren, und erst in einem zweiten Schritt ihre eigene Funktion und Ordnung hinterfragen. Dieser zweite Schritt könnte schon ein revolutionärer sein und mit der Befreiung aus dem Finanzregime einhergehen.

Die Macht, die wesentlichen Entscheidungen zu treffen, wird auf Dauer mit ziemlicher Sicherheit in das Feld des allgemeinen Datenaufkommens fallen. Das aus einem einfachen Grund: Die Fähigkeit, Entscheidungen zu beeinflussen, hängt davon ab, über die Lage Bescheid zu wissen. Das betrifft Banken, aber mehr noch Geheimdienste, die schon nicht mehr dem Staat unterstehen und nicht mehr von Regierungen kontrolliert werden, sondern alleine aufgrund ihrer technischen Position zu einer eigenen, neuen Klasse von Machtverwaltungen gehören, und ebenso die anderen großen Informationsschürfer Google, Facebook und vergleichbare Plattformen mit Funktionsmonopolen im Netz.

Subjekte und Profile

Wenn Daten die Menschen als Profil und als Bündel von Eigenschaften und Verhaltensmustern, wird das Verhalten des Einzelnen nicht nur ausgewertet, sondern mit dem anderer korreliert und musterhaft vergleichbar. Mit allen Spuren, die wir im Netz hinterlassen, hausen wir in einer Wahrscheinlichkeitswelt, die jede unserer Entscheidungen schon immer kalkuliert, und jede Abweichung, jede Überraschung verarbeitet, um unsere Handlungen besser vorausberechnen zu können. Das »objektive« Wissen der Algorithmen zielt auf den einzelnen Agenten als Bün-

---

[92] Ebd., S. 22.

del von Verbindungen und Entscheidungen. Sie synthetisieren das Singuläre des Subjekts nur noch als Knotenpunkt von Daten.

Damit verändert sich auch der Selbstbegriff des Menschen. Von der festen Zuordnung in der ständisch-feudalen Kultur des späten Mittelalters, zum selbst-denkenden Subjekt der Aufklärung, werden wir zu Bündeln von Relationen. Das profilierte Ich tendiert nicht mehr zur Vereinzelung, denn es muss nicht mehr reflektierend um sich kreisen, um sich zu verstehen. Nur aus der alten Perspektive der Subjekte scheinen die neuen digitalen Freunde zerstreut und überwältigt vom Überfluss an Information. Das Vorurteil erklärt sich aus der althergebrachten Anforderungen ans Subjekt, sich laufend selbst zu reflektieren. Als Datenobjekt begreifen wir uns als Relationen – aus Freundschaften, Nachrichten, Verbindungen – und unser Spiegel ist nicht mehr das Selbstverstehen, nicht mehr der Konsum, sondern ein Profil, das aus unserem Datenschatten herausgerechnet wird. Wir sind umgeben von einer Wolke von Daten und Erwartungswahrscheinlichkeiten. Als solche werden wir auch längst verwaltet, von sozialen Netzwerken wie von Geheimdiensten, und wohl bald auch von der Finanzsphäre. Es wird Zeit, nicht nur die Nachteile zu spüren, sondern die Vorzüge dieser fortschrittlichsten aller möglichen Verwaltungen auch für uns selbst einzufordern.

Das Verhältnis der Menschen zu ihren Daten lässt sich analog zu den Freiheiten des Arbeiters als eine doppelte Befreiung begreifen. So wie dem Arbeiter zwar freigestellt wurde, seine Arbeit zu wählen, er aber zugleich von den Produktionsmitteln befreit in eine Zwangslage geriet und daher abhängig wurde, befreien uns die Netzwerke zwar von dem alten Modell der Subjektivität und des Individuums, aber gleichzeitig haben wir keine Möglichkeit mehr, uns dem Zugriff der sozialen Medien und der Überwachung zu entziehen. Auf lange Sicht führt das zu einer Situation, in der diese Datenorganisationen, gleich ob Geheimdienste oder Unternehmen, nicht sich selbst überlassen bleiben dürfen, sondern mit ihren gesammelten Daten unter die Obhut eines allgemeinen Interesses gehören.

Dass eine inhärente Krisentendenz das Finanzregime von selbst zur Implosion bringt, ist eine gewagte Hoffnung. Auch wenn die Zentralbanken bereits zu Notmaßnahmen greifen müssen, kann dieser Zustand der permanenten Rettung endlos anhalten. Und auch wenn sich in den Routinen der Verwaltung bereits der Horizont eines möglichen Fortschritts zeigt, lässt sich daraus weder eine revolutionäre Tendenz noch ein Automatismus herleiten.

Die Hoffnung auf die große Krise, den endgültigen Crash oder den Zusammenbruch des Kapitalismus bleibt ein immer wieder aufgerufenes Heilsmotiv erlösungsbedürftiger Miserabilisten. Zwar mag die Krise andauern und sich verschärfen, aber zugleich kennen die stabilisierenden Maßnahmen kein Limit. Die Annahme, dass es irgendwann besser wird, wenn's nur lang genug schlimm war, nach dem Motto »The worse it gets, the better it is«, setzt ein unbegründetes Vertrauen in ein philosophisch überhöhtes Prinzip der krisenhaften Zuspitzung. Leider ist es ebenso gut möglich, dass die Dinge einfach weiterlaufen. »As life became nastier, more brutish and, for many, shorter, it occurred to me that I was tragically in error: things could get worse in perpetuity, without ever getting better.«[93] Warten auf den Zusammenbruch des Kapitalismus, am besten von selbst, hilft unter diesen Bedingungen nicht weiter, genau so wenig wie die Forderung nach einer wie auch immer gearteten Beschleunigung.[94]

---

93 Yanis Varoufakis, »How I became an erratic Marxist«, 18. 02. 2015, www.theguardian.com/news/2015/feb/18/yanis-varoufakis-how-i-became-an-erratic-marxist

94 Vgl. Nick Srnicek, Alex Williams, »#Accelerate. Manifest für eine akzelerationistische Politik«, in: Armen Avanessian (Hg.), *#Akzeleration*, Berlin 2013, S.21-39. Auch wenn wir einige Annahmen der Akzelerationisten durchaus teilen, wie etwa die, dass weder Kritik noch Widerstand, sondern am ehesten technische Entwicklungen und deren Umnutzung Wege aus der gegenwärtigen Lage hinaus weisen.

Jede große Umwälzung bekommt es mit der Frage des Übergangs zu tun. Die klassische Revolution stellt nur einen Sonderfall eines Übergangs dar. Sie kommt nur unter einer ganz bestimmten, von Staatlichkeit und öffentlicher Kommunikation geprägten Machtkonstellation zustande. Daneben gibt es eine Reihe weiterer Veränderungsprozesse, Revolten, Aufstände, aber auch Reformen oder unterschwelligere Transformationsbewegungen, deren Folgen ebenso weit reichen können, auch wenn sie stückweise, langsam, gewaltlos oder still stattfinden, ohne sich je in einem einzelnen Ereignis zu manifestieren.

Am Beispiel der neoliberalen Durchdringung der politischen Institutionen hat sich gezeigt, wie eine Umgestaltung sich über Jahrzehnte hinziehen kann und sämtliche Instanzen der Macht verändert, vom Gefüge der internationalen Abkommen bis zu den Institutionen der Finanzwelt und den ökonomischen Fachbereichen an Universitäten.[95] Der Wandel ging vollkommen ohne große Ereignisse über die Bühne.

Bei dem Versuch, im Voraus zu bedenken, wohin ein Übergang führt, treffen wir auf einige Probleme mit dem Denken am Zeitstrahl und entlang von Pfadabhängigkeiten. Das Verhaftetsein an der Idee der Zukunft und des Künftigen blockiert die Fähigkeit, etwas grundlegend Anderes zu entwerfen. Als Fortschritt gedacht, kleben die Ideen immer schon am Heute, und schreiben es fort, einerlei ob krisenhaft oder affirmativ. Eine wirkliche Utopie bringt ein Moment der Andersheit ins Spiel, das sich nicht aus einer Innovation, nicht aus der Erneuerung, nicht aus einer zeitlichen Fortschreibung herleitet, sonst müsste man von eine U-Chronie, einer Nicht-Zeit sprechen. Der Nicht-Ort der Utopie dagegen fordert dazu auf, sich von den angelegten Pfaden zu lösen, um das Andere als Anderes und nicht aus der möglichen Veränderung zu denken.

Wie auch immer ein Übergang verläuft, sein Horizont an Möglichkeiten ist nicht beliebig. Das gilt auch dann, wenn Absichten

---

95 Philip Mirowski, *Never let a serious crisis go to waste*, a.a.O., S.43ff.

und Ergebnisse sich erst im Verlauf des Umbruchs abzeichnen und vorher verborgen waren, wenn also das politische Geschehen – so könnte man es mit Badiou sagen – eine Wahrheit erst enthüllt. Für diese Wahrheit müssen wir allerdings keine hegelianische Geschichtsnotwendigkeit bemühen. Es genügt der Blick auf die technischen Möglichkeiten und die administrativen Routinen.

WÜRDE

Was das Verhältnis des Einzelnen zur Verwaltung betrifft, ist es sinnvoll, an den Begriff der Würde zu erinnern, und das, was sie gegen die Zudringlichkeiten der Macht in Stellung bringt. Mittlerweile wirkt Würde wie ein altertümliches Konzept, das etwas aus der Mode gekommen ist und uns zunehmend fremdartig erscheint. Vielleicht wurde es auch fremd gemacht, gerade in jüngster Zeit, im Zug der Wettbewerbsideologie und ihrer allgemeinen Politik der Nötigung und Gängelung.[96]

Kant schlägt einen dezidiert gegen das Ökonomische gerichteten Begriff der Würde vor: »Im Reiche der Zwecke hat alles entweder einen Preis, oder eine Würde. Was einen Preis hat, an dessen Stelle kann auch etwas anderes als Äquivalent gesetzt werden; was dagegen über allen Preis erhaben ist, mithin kein Äquivalent verstattet, das hat eine Würde.«[97] Demzufolge hätte jeder ein Grundrecht, sich dagegen zur Wehr zu setzen, unter

---

96 Symptomatisch hierfür die Definition auf Wikipedia, der Artikel über Würde führt nach der Begriffsdefinition als »einzigartige Seinsbestimmung« den Rang als Hauptmerkmal an, also »als ein in einer Wertehierarchie hoher Rang bzw. eine Vorrangstellung von Personen.« Und schon ist aus der Würde etwas geworden, das zu dem neuen Feudalismus unserer Gegenwart in gar keinem Widerspruch steht. Man weiß gar nicht, ob diese Formulierung der Dummheit der Vielen oder der Absicht von Wenigen zuzuschreiben ist.

97 Immanuel Kant, *Metaphysik der Sitten*, Stuttgart 1961, S. 87 [434].

einen Preis gezwungen zu werden. Das Kapital als mobiler Produktionsfaktor widerspricht diesem Begriff der Würde grundsätzlich, denn es bepreist von vornherein den Menschen und seine Arbeitskraft.[98] Würde hat in den Kalkulationen des rational handelnden homo oeconomicus keinen Platz.

Übertragen auf die Verwaltung der Daten würde das Prinzip der Würde fordern, dass jede und jeder ein unverrückbares und unveräußerliches Recht auf die eigenen Daten hat und über deren Gebrauch selbst entscheiden kann. Vielleicht sogar noch weiter, denn wenn wir Lebewesen, Dingen und Objekten bestenfalls einen Teil der Würde zugestehen, sobald sie etwas wissen und wollen, müssten auch sie vor den Zudringlichkeiten der allgemeinen Bepreisung in Schutz genommen werden.

Um dem Prinzip der Würde zur Geltung zu verschaffen, bräuchten wir von Rechts wegen keine Revolution. Es steht im ersten Artikel des deutschen Grundgesetzes, und in der einen oder anderen Form findet es sich in den meisten Verfassungen, die Erklärung der Menschenrechte eingeschlossen. Die Würde ist schon Gesetz, die Verwaltung könnte es auch umsetzen, nur die Regierung des Geldes müsste dazu überwunden werden.

GESCHICHTSMODELL

Unserer improvisierten Verwaltungsgeschichte der Revolutionen liegt ein einfaches Modell zugrunde. Den Ausgangspunkt bildet immer ein Aufschreibesystem, das Daten sammelt und verarbeitet. Daten gewähren Wissen und damit Macht.[99] Wir können historisch drei Datenbereiche und damit verbundene Verwaltungen unterscheiden: das Wissen über den Bürger als Individuum und den modernen Staat. Das Wissen über Arbeiten und Austausch

---

98 Philip Mirowski, *Never let a serious crisis go to waste*, a.a.O., S. 59.

99 Vgl. Harold Adams Innis, *Empire and Communications*, Victoria 1986, S. 5 und durchgehend.

unter Menschen, wie es sich im Geld und seinen Institutionen niederschlägt. Und schließlich das Wissen über alles, was wir durch Daten in den digitalen Netzwerken mitteilen.

Alle drei Datenformen bilden ihren je eigenen Begriff vom Menschen, je nachdem wie sie einzelne Personen verwalten. Das bürgerliche Subjekt als Geschöpf der Staaten. Der Konsument als Figur des Geldes. In der Datenwelt schließlich die Nutzerprofile oder Freunde oder Follower oder Agenten oder wie auch immer menschliche Akteure in der jetzigen frühen Entwicklungsphase genannt werden.

Um einzelne Menschen als Helden einer Geschichte, als charismatische Figuren oder visionäre Vordenker oder dergleichen geht es uns dabei nicht. Was interessiert, sind die Formen und Möglichkeiten eines Übergangs, den Umschlag von Technik und Daten zu Macht und Verwaltung, und daran anschließend deren produktive und utopische Aspekte.

Wenn wir daraus eine kurze Geschichte machen, dann läuft die ungefähr so. Erst einmal herrscht eine Anarchie von Räuberbanden, etwa im Sinn von Hobbes' anarchischem Naturzustand und dem Kampf aller gegen alle. Zwar konsolidieren sich Gruppierungen, aber sie agieren in der Regel gegeneinander und nicht zum gemeinsamen Vorteil, geschweige denn zum Gemeinwohl aller. Der Zugriff des Stärkeren wird in der absoluten Feudalherrschaft zum System.

Geschichtlich gesehen haben sich Staaten und deren Verwaltungen in zwei Schritten konsolidiert. Der westfälische Friede klärt die Begriffe Souveränität, Recht und Territorium. Darauf folgt der Aufbau einer einheitlichen Staatsverwaltung über ein geschlossenes und rechtlich vereintes Territorium.[100] Die französische oder bürgerliche Revolution vereinheitlicht Verwaltungstechniken und stellt sie in den Dienst der Bürger.

---

[100] Martin van Creveld, *The Rise and the Decline of the State*, Cambridge MA 1999, S. 126.

Eine ähnliche Entwicklung lässt sich am Finanzsektor beobachten. Wir haben im 19. Jahrhundert eine Zeit konkurrierender Banken, teils privater Geldschöpfung und regelmäßiger Zusammenbrüche. Dieses System konsolidiert sich mit der Einführung der Zentralbanken. Nicht, dass wir damit keine Krisen mehr hätten, aber sie werden seltener, und dafür größer. Mittlerweile leben wir unter einer globalen Geldverwaltung, die ähnlich wie der Absolutismus einer Klasse von Finanzfeudalisten dient. Damit wird sie reif für einen grundlegenden Wandel, und das umso dringender je mehr fortschrittliche Techniken sie einsetzt. Der Schritt, der nun noch aussteht, ist der Umsturz des Finanzfeudalismus und die Aneignung seiner Institutionen im Sinn der Allgemeinheit.

Bleiben die Datenverwaltungen. Daten sind der Rohstoff des 21. Jahrhunderts. Die Sammlung der Nutzerdaten im Netz hat die Ebene der gemeinsamen Verwaltung noch nicht erreicht. Ihre Organisationen, Dienste wie Unternehmen, agieren noch auf der Stufe der Verteilungskämpfe um das Rohmaterial.

Im kommerziellen Bereich teilen sich die verschiedenen Firmen die Datenbereiche und Zuständigkeiten nach Funktionen auf. Jede Plattform beherrscht eine andere Aufgabe, die eine die Suche, eine zweite das Verkaufen und andere machen sich Kommunikation jeder Art, »social media« und die damit verbundenen persönlichen Netzwerke streitig. Den Unternehmen stehen Geheimbehörden gegenüber, sozusagen als Zwitter von Daten- und Staatsmacht, die als Wegelagerer Daten rauben, anstatt dafür eine Funktion anzubieten oder vorzutäuschen. Allen gemeinsam ist der Versuch, einen umfassenden Zugriff auf möglichst viele Daten zu bekommen, denn als Machtbasis taugt nur ein möglichst vollständiger Datensatz. Als Institutionen der Macht konstituieren sie sich gerade erst. Wenn sie einmal regieren, werden auch sie fällig für eine revolutionäre Übernahme, auch wenn das erst die übernächste sein wird, es sei denn, wir finden eine Abkürzung.

DREI UTOPIEN

UTOPIE UND VERWALTUNG

Unsere Lage ist von einem grundsätzlichen Widerspruch gekennzeichnet. Die technischen und ökonomischen Voraussetzungen werden immer besser, unsere Lebensumstände aber nicht. Wir erfinden immer neue Maschinen, Automaten und Algorithmen, die uns Aufgaben abnehmen können. Die meisten Produkte gibt es im Überfluss. Trotzdem können sich viele von uns weniger leisten, haben mehr Stress, werden schlechter bezahlt und in prekäre oder unsichere Jobs gedrängt, während man anderen ein Auskommen gar gänzlich vorenthält. Das Miteinander von technischem Fortschritt und Verschlechterung des Lebens ist schwer zu verstehen. Es läuft ganz offensichtlich etwas falsch. Das dämmert allmählich selbst all jenen, die noch immer guten Willens ihre Tribute für die Vermögensvermehrung der Finanzfeudalisten abliefern oder selbst zu dem elitären Club gehören.[101] Es muss ökonomisch bessere Lösungen geben.

Jede Utopie, auch wenn sie als rein ökonomische formuliert wird, hat immer auch eine politische Seite. Sie appelliert, ausdrücklich oder implizit, an eine Regierung oder eine andere Instanz, die sie umsetzen könnte. Von daher gibt es drei verschiedene Gruppen von Utopien, passend zu den drei Verwaltungsformen, Staat, Finanz und Netz, an die die Forderungen und Hoffnungen sich richten.

---

[101] Z. B., Era Dabla-Norris, Kalpana Kochhar, Frantisek Ricka, Nujin Suphaphiphat, Evridiki Tsounta, »Causes and Consequences of Income Inequality: A Global Perspective«, in: *IMF Staff Discussion Note*, Juni 2015, www.imf.org/external/pubs/ft/sdn/2015/ sdn1513.pdf: »We find that increasing the income share of the poor and the middle class actually increases growth while a rising income share of the top 20 percent results in lower growth - that is, when the rich get richer, benefits do not trickle down.«

Die erste Art von Utopien adressiert den Staat. Sie gehen davon aus, dass Regierungen entweder doch noch die Macht besitzen, etwas zum Besseren zu verändern, oder diese wieder erlangen können.

Die zweite Sorte von Utopien folgt dem Interesse der Finanzwelt. Sie kann auf die Dienste des Staates nicht verzichten, aber er tritt zurück in die Rolle einer hilfreichen Steuerungsinstanz mit möglichst begrenzten Machtbefugnissen. Das Hauptziel dieser Utopien liegt darin, die Vermögen zu erhalten, auch wenn ihre Anhänger in der Regel darauf verzichten, das in den Vordergrund zu stellen. Wenn alle anderen Mittel versagen, würde man diesem Ziel zuliebe sogar einen wachsenden Wohlstand für die Allgemeinheit in Kauf nehmen.

Eine dritte Art von Utopien wird durch Netzwerke und Algorithmen denkbar. Von der erst im Entstehen begriffenen Datenumwelt aus stellen sich die Aufgaben des Wirtschaftens an sich neu dar. Wenn wir davon ausgehen, dass es der Ökonomie letztlich um die Verteilung von Arbeit und Waren geht, dann lassen sich sämtliche wirtschaftlichen Funktionen als Netzwerkprobleme formulieren, nämlich als Aufgabe, eine möglichst gute Zuordnung von Tätigkeiten, Gütern und Dienstleistungen zu finden. Um diese Aufgabe zu lösen, können wir auf das Medium Geld verzichten, wenn genügend Daten vorliegen.

Vollbeschäftigung

Jobgarantie

Die einfachste und naheliegendste Lösung für die Probleme der gegenwärtigen Lage besteht darin, Fehlentwicklungen der letzten Jahrzehnte rückgängig zu machen, ohne das bestehende institutionelle Gefüge zu verändern. Das bedeutet, den Sozialstaat der 1970er Jahre wieder herzustellen und eine Politik zu verfolgen, die auf Vollbeschäftigung zielt und auf ordentliche Einkommen.[102]

Die Grundidee läuft daraus hinaus, Wirtschaft als etwas anzusehen, das man prinzipiell von staatlicher Seite aus lenken kann. Alle dahingehenden Vorschläge haben gemeinsam, staatliche Beschäftigung in Zeiten realwirtschaftlicher Schwäche zu erhöhen und in Zeiten privatwirtschaftlicher Expansion wieder zurück zu führen.

Wenn die Löhne in gleichen Maß steigen wie Inflation und Produktivität, bleibt die Lohnquote stabil, und der Konsum steigt im Einklang mit der Wirtschaftsleistung. Das entspricht in etwa den Vorschlägen von Heiner Flassbeck, der im Sinn des alten sozialdemokratischen Modells eine Art von Harmonie im Kapitalismus anstrebt.[103]

Auch Paul Krugman beurteilt die gegenwärtige Lage ähnlich und sieht das Problem vor allem im Nachfragedefizit. Seine Lösung läuft darauf hinaus, staatliche Investitionen vor allem in die marode Infrastruktur zu lenken, wo sie gleich in doppelter

---

[102] Dafür treten eine ganze Reihe durchaus namhafter Leute ein, um nur Paul Krugman, Joseph Stieglitz oder Bill Mitchell als Vertreter der *Modern Monetary Theory* zu nennen.

[103] Heiner Flassbeck, Paul Davidson, James K. Galbraith, Richard Koo und Joseph E. Stieglitz, *Handelt jetzt!*, Frankfurt a. M. 2013.

Hinsicht heilsame Wirkungen entfalten würden.[104] Sie erhöhen die Voraussetzungen für verbesserte Produktivität und lenken gleichzeitig Geld in den allgemeinen Konsum. Vor allem in Europa könnte der bedenkliche Missstand einer Arbeitslosenquote von über 10% mit einem noch höheren Anteil an prekärer Beschäftigung, oder der hohe Anteil schlecht bezahlter Jobs in den USA, oder die teils extrem hohe Arbeitslosigkeit unter Jugendlichen so überwunden werden. In den von der Finanzkrise besonders betroffenen Ländern der Peripherie droht längst der Verlust einer ganzen Generation. Wer nie eingestellt wird, wird schließlich gar nicht mehr einstellbar – *from unemployed to unemployable.*[105] Das verschärft nicht nur die gegenwärtige Lage, sondern verringert auch langfristig die Chancen auf eine Verbesserung.

Die eindringlichste Formulierung für einen am Staat orientierten Ansatz findet sich in der Forderung nach einer Jobgarantie[106] aus dem Umfeld der *modern monetary theory (MMT).*[107] Auch dieses Modell kann sich dem Wirtschaftsumfeld anpassen, also den Zyklen der Privatwirtschaft, die mal schrumpfen und sich dann wieder ausdehnen. Von staatlicher Seite wird mit genau entgegengesetzter antizyklischer Dynamik interveniert, um drei miteinander verbundene Ziele zu erreichen:

Allen, die Arbeit suchen, sollen Jobs angeboten werden. Der Staat richtet genügend Stellen ein, ohne dass damit unmittelbar

---

[104] Paul Krugman, *Vergesst die Krise!*, Frankfurt a. M., New York NY 2012.

[105] Mohamed A. El-Erian: »When you are without a job at a young age for a long time, you risk going from unemployED to unemployABLE.« 20. 01. 2015, www.allianz.com/en/press/news/company/point_of_view/150120-inequality-can-feed-radicalism-and-fundamentalism.html

[106] Bill Mitchell: »What is a Job Guarantee?«, 5. 5. 2013, bilbo.economicoutlook.net/blog/?p=23719

[107] Ein ökonomischer Ansatz, der Makroökonomie von der Buchhaltung einzelner Sektoren her betrachtet, und darin der Saldenmechanik ähnelt, s. Wolfgang Stützel, *Volkswirtschaftliche Saldenmechanik*, Tübingen 1958.

Rendite erwirtschaftet werden muss. Die Jobs werden für Aufgaben eingesetzt, die dem Gemeinwohl dienen. Wenn sich dann einige dieser Vorhaben als profitabel erweisen, können private Unternehmen sie übernehmen. Damit wird zugleich indirekt ein Mindestlohn garantiert. Und es werden die schlechten Zeiten in der Privatwirtschaft genutzt, um die Infrastruktur zu verbessern, was wiederum günstig auf den privaten Sektor zurückwirkt. In diesem Sinn ist Jobgarantie ein neues Wort für den alten keynesianischen New Deal.

Zwischen staatlichem und privatem Sektor besteht diesem Modell zufolge eine Art von Balance. Privatisierungen, die ihren Vorteil schlicht und einfach darin suchen, Löhne zu kürzen und Arbeitsbedingungen zu verschlechtern, werden so verhindert. Es ist nur dann sinnvoll, staatlich organisierte Funktionen in private Hand zu überführen, wenn damit tatsächlich Produktivitätsgewinne zum Nutzen aller erreicht werden.

Das geläufigste Argument gegen eine solche Politik setzt bei den Kosten an. Staaten seien ohnehin schon überschuldet, heißt es. Woher sollen sie die zusätzlichen Mittel für große Beschäftigungsprogramme nehmen? So lautet in etwa die gängige Argumentation.

Diesem Punkt widersprechen die Thesen der MMT. Solange Staaten souverän sind und via Zentralbanken ihr eigenes Geld herstellen können, sind Staatsschulden für sich genommen kein Problem, schon gar nicht bei Zinsen um Null. Gefährlich würde eine staatliche Geldflut nur dann, wenn nach Erreichen der Vollbeschäftigung noch weiter investiert wird, und Staaten im Extremfall sogar mehr Geld ausgeben, als die Wirtschaft bei Vollbeschäftigung Güter liefern kann. Das würde dann tatsächlich zur Inflation führen, wie zuletzt während des Vietnamkriegs, wobei eben genau die Rüstungs- und Militärausgaben als Investitionen wirkten.

Ansonsten bringen Staatsschulden für Erste keine Inflationsprobleme mit sich. Dafür ist Japan das beste Beispiel, wo trotz der höchsten Staatsschulden aller industrialisierten Länder die

Zinsen nach wie vor bei Null liegen und der Staat weit davon entfernt ist zusammenzubrechen. Dass die staatlichen Schulden der Wirtschaft nicht weitergeholfen haben, liegt nicht an den Schulden an sich, sondern daran, dass das zusätzliche Geld im Finanzsektor versickert, ohne beim Konsumenten anzukommen.

Der Haken an dem Modell zeigt sich in dem Moment, in dem man es mit Außenhandel zu tun hat, was allerdings in der heutigen Ökonomie mit ihren globalen Produktionsketten und Finanzströmen der Normalfall ist. Dauerhafte Gewinne im Handel mit anderen Staaten verletzen die Regeln gemeinsamer staatlicher Kooperation. In Deutschland wurde Anfang der 1970er Jahre sogar noch ein Gesetz[108] erlassen, das für den Außenhandel ein Gleichgewicht fordert. Doch seit die Ideologie den Standortwettbewerb verlangt, kümmert sich niemand mehr darum, im Gegenteil: Überschüsse werden als Erfolge gefeiert, als ob sie allen zu Gute kämen. Das Gegenteil ist der Fall. Denn die Überschüsse fallen als Gewinne an und werden privatisiert. Breitere Bevölkerungsschichten dagegen üben sich in Konsumzurückhaltung, und zwar nicht freiwillig, sondern weil ihnen schlicht das Einkommen fehlt.

Wenn ein Außerhandelsgleichgewicht angestrebt wird, kann man, selbst wenn die Wirtschaft im eigenen Land gut läuft, im Ausland nur so viel einkaufen, wie es die eigene Kaufkraft zulässt. Bleiben die Wechselkurse dem Finanzmarkt überlassen, begeben sich die Staaten in Abhängigkeit. Versuchen sie dagegen, feste Wechselkurse zu erhalten, bilden sich Schwarzmärkte. In der fehlenden Modellbildung für global integrierte Finanzmärkte liegt eines der Probleme nicht nur der *modern monetary theory*, sondern auch der Forderung nach Intervention einzelner souveräner Staaten.

---

[108] Gesetz zur Förderung der Stabilität und des Wachstums der Wirtschaft (StabG) vom 8. Juni 1967.

Es lässt sich einfach erklären, warum die oben beschriebenen Modelle, selbst wenn sie noch so vielen Ökonomen als vernünftig erscheinen, nicht zur Anwendung kommen. Sie setzen nicht nur einen souveränen Staat voraus, sondern auch einen Konsens unter den Staaten der Welt. Unter den Bedingungen von freiem globalem Warenhandel funktionieren die Maßnahmen nur dann, wenn die meisten anderen Staaten eine ähnliche Politik betreiben. Um den zweiten Weltkrieg herum, als einige Länder mit Interventionen dieser Art auf Wirtschaftskrisen reagierten, konnten sie großen Konzernen und Banken noch die Rahmenbedingungen diktieren. Seit die staatliche Macht in den 1970ern gebrochen wurde, hat sich die neue Herrschaftsform so gefestigt, dass ein einzelner Staat nicht mehr genügt, um etwas zu ändern. Was immer eine lokale Regierung beschließt, lässt sich auf dem globalen Finanzmarkt umgehend aushebeln. In einer Lage wie der heutigen, wo genau das gegenteilige Modell dominiert, wird jeder Staat bestraft, der aus dem neoliberalen Konsens ausschert. Dazu kommt, dass mittlerweile die Politik und ihre Akteure so verwoben mit Finanz- und Wirtschaftsinteressen sind, dass auch auf persönlicher Ebene keinerlei Willen mehr besteht, ein anderes ökonomisches Programm durchzusetzen.

Das hat dazu geführt, dass an sich vernünftige und einfache Forderungen, die nicht einmal sonderlich neu sind und nicht mehr anstreben als eine Rückbesinnung auf anerkannte und bewährte Regeln menschenfreundlichen Wirtschaftens, unter den gegenwärtigen Umständen regelrecht umstürzlerisch erscheinen. Um die Staatsform wiederherzustellen, die in der Lage wäre, derartige Maßnahmen tatsächlich umzusetzen, bedarf es nichts weniger als einer Weltrevolution. Es müsste das gesamte globale Netzwerke von Entscheidern aufgebrochen werden, vom einzelnen Minister bis zu den transnationalen Vereinigungen.

Davon abgesehen hat die Forderung nach starken und handlungsfähigen Staaten, die mit dem Programm verknüpft ist, noch andere unschöne Voraussetzungen. Historisch betrachtet verläuft der normale Weg aus dem Niedergang staatlicher Souveränität über eine existenzielle Bedrohung des Staates. Ob diese existenzielle Bedrohung nun tatsächlich vorhanden scheint, willentlich herbeigeführt wird oder Mittel zum Zweck ist, bleibt sich im Ergebnis gleich. Sie führt in der Regel zur Anwendung staatlich organisierter Gewalt, also Krieg. Und zwar nicht jener ungleiche Krieg der Überfälle, der Drohnen und des Terrors, sondern ein altmodischer Krieg mit existenzieller Bedrohung des Staates. Dann werden plötzlich nicht nur wieder alle bis auf den letzten Mann und die letzte Frau gebraucht, sondern der Staat gewinnt auch jene Souveränität zurück, die zwischenzeitlich an die Finanzsphäre abgetreten wurde. Die totale Mobilmachung umfasst neben der Aktivierung aller Arbeitskräfte auch das zwangsweise Ausheben von Schulden. Dazu gehören auch finanzielle Maßnahmen wie unlimitierte staatliche Geldschöpfung und die Ausweitung der Zahlungsbilanz von Zentralbanken. Genau diese Maßnahmen laufen aber bereits zur Rettung der Banken. Die Finanzsphäre befindet sich bereits im Kriegszustand.[109]

Gegen das Wiedererstarken der Staaten spricht auch, dass sie in der Regel auf ein nationalistisches Identitätsmodell zurückgreifen, und sich daher selbst bestätigen, indem sie Fremde ausgrenzen. Die Freund-Feind-Unterscheidung oder das Fremder-gegen Bürger-Schema ist ein Überbleibsel aus der Zeit der Staatsgründung rivalisierender Mächte und nationaler Identitäten. Darin unterscheidet sich ein Staat von einem Verein und oder einer Social Media Plattform. Selbst wenn es gelänge, in Fortsetzung der alten Staatlichkeit neue politische Organisationsformen, etwa als digitale Assemblage[110] aufzubauen, ist fraglich, ob diese in der Lage wären, den Standortwettbewerb und das dominante neoliberale Wirtschaftsmodell zu unterlaufen.

---

[109] Perry Mehrling, *The New Lombard Street*, a.a.O., S. 37f.

[110] Saskia Sassen, *Das Paradox des Nationalen: Territorium, Autorität und Rechte im globalen Zeitalter*, Frankfurt a. M. 2008.

Auch aus der ökonomischen Theorie lassen sich weitere Argumente gegen die Rückkehr der großen staatlichen Intervention ableiten, und zwar nicht nur von der sogenannten »neoliberalen« Seite her, sondern auch von heterodoxen Ansätzen wie der *modern monetary theory*. Das an Währungsräumen orientierte Modell entspricht der gegenwärtigen weltwirtschaftlichen globalen Vernetzung immer weniger. In einem hypothetischen Weltstaat müsste man entweder auf Außenhandel verzichten, oder zwischen den verschiedenen Provinzen Verrechnungskonten führen.

Die auf Länder bzw. Provinzen beschränkte Kalkulation führt dazu, dass gerade in den ärmsten Gegenden der Welt, wo so viele einfache Dinge zur Verbesserung der Lebensumstände zu machen wären, die meisten Leute ohne Arbeit herumstehen und nichts zu tun haben. Währenddessen konzentrieren sich die Investitionen und damit die Arbeit auf die Länder, die die größten Gewinne versprechen. Was die globale Ungleichheit nicht mindert, sondern sogar stärkt. Im Fall einer auf staatlichen Interventionen basierten Wirtschaftspolitik könnte sich dieses Problem sogar noch weiter verschärfen.

Grundeinkommen

Finanz-Einkommen

Wenn alle laufenden Maßnahmen zum Erhalt der Vermögen ihr Ziel verfehlen, wird der Finanzindustrie nichts anderes übrig bleiben, als Geld an Konsumenten zu verteilen. Das scheint es auf den ersten Blick widersprüchlich, ist es doch das vordringliche Ziel der Akteure auf den Finanzmärkten, die eigenen Reichtümer zu mehren.

Die Logik hinter dem Grundeinkommen ist simpel. Solange die Wirtschaft im Sinn des klassischen Kapitalismus wächst, haben die Leute daran teil, indem sie arbeiten und konsumieren. Dann lässt sich durch Lohnverhandlungen ein dynamischer Ausgleich zwischen Wachstum der Vermögen und Arbeit finden. Wenn aber das Wachstum der Vermögen im Wesentlichen auf den Finanzmärkten stattfindet, können Lohnverhandlungen nicht mehr zu einem Ausgleich führen, weil die Arbeiter schlicht und einfach zu wenige und zu machtlos geworden sind. Die im Gegenzug erreichten unglaublichen Lohnzuwächse der wenigen Wallstreethändler und CEOs allein genügen nicht, um den Minderkonsum der breiten Masse auszugleichen. Damit die Ökonomie trotzdem funktioniert, müsste man genauso wie man finanzialisiertes Vermögen herstellt, auch finanzialisiertes Einkommen für alle (Quantitative easing for the people) erzeugen. Makroökonomisch gesehen übersteigen die positiven Effekte des Grundeinkommens deutlich die anfänglichen Ausgaben.

Es kann dauerhaft keine Lösung sein, allein auf von den Zentralbanken abgesicherte Vermögenszuwächse zu setzen. Um es an einem praktischen Beispiel zu erklären. Man kann den Preis für ein Haus weit in die Höhe treiben, wenn die Lage attraktiv ist. Aber es ist schwierig, die Preise sämtlicher Lagen gleichzeitig in die Höhe zu treiben. Das ginge nur dann, wenn man flächendeckend für ein Einkommen sorgt, das es den Leuten erlaubt, die entsprechenden Mieten zu zahlen. Hat man schon hohe Vermögenswerte erreicht, können sie nur weiter steigen, wenn die Realwirtschaft auch entsprechend wächst, so dass die Leute die geforderten Zahlungen überhaupt leisten können. Andernfalls drohen sich die Investitionen in Häuser als nicht rentabel zu erweisen, was in eine Abwärtsspirale führt und letztlich mit dem Zusammenbruch der Vermögenspreise droht. Dieses Szenario der ausbleibenden Rendite ist seit Jahren bekannt, weshalb so unterschiedliche Ökonomen wie Milton Friedman, Ben Bernanke und in jüngster Zeit Adair Turner[111] vorgeschlagen haben, schlicht und einfach Geld zu verteilen, was gelegentlich unter der Bezeichnung *helicopter money* läuft. Die der deutschen Mentalität vertrautere Variante heißt Grundeinkommen.

Dass es beim Grundeinkommen nicht vordringlich um das Wohlergehen des gemeinen Volkes geht, sondern um die Stabilisierung von Vermögenswerten, ist weniger bekannt. Aber letztlich liegen die Reichtümer nicht in Schatzkammern versteckt, sondern erwachsen aus in Zukunft erwarteten Zahlungen. »Wealth represents nothing more or less than bundles of social and legal claims, derived from events in the past.«[112] Vermögen wird in dieser Sichtweise der modernen Geldmärkte nicht als Haufen, sondern als Fluss begriffen, nicht als *stack*, sondern als *flow*. Das korrigiert nebenbei auch ein anderes, ebenso geläufiges wie falsches Bild. Die Vermögenden sitzen eben nicht auf Dagobert Duck'schen Geldspeichern, sondern sammeln Ansprüche auf künftig fällige Forderungen. Dieser Fluss des Geldes ist in der Vergangenheit entsprungen und strömt in die Zukunft. Weil

---

111 Adair Turner, »Debt, Money and Mephistopheles: How Do We Get Out of This Mess?«, 2013, www.group30.org/pub_88.shtml; und auch Willem H. Buiter, »The Simple Analytics of Helicopter Money: Why It Works – Always«, 21. 08. 2014, *Economics: The Open-Access, Open-Assessment E-Journal*, Vol. 8, 2014-28 willembuiter.com/helifinal.pdf

112 Steve Randy Waldman, »Hard money is not a mistake«, 01. 09. 2014, www.interfluidity.com/v2/5561.html

das Geld am Ende zu den Vermögen zurückkommt, macht es ökonomisch Sinn, es zuerst zu verschenken. Je ärmer die Empfänger an der Quelle sind, desto schneller wird es ausgegeben, desto rascher finden die Geldflüsse ihren Weg zurück in den großen Zahlungsstrom.

Es gibt zwei Wege, um Vermögen zu schaffen und zu vergrößern. Entweder man bemüht sich um sinkende Zinsen oder um höhere Ausgaben. Mit der ersten Methode können bei fixen Einkünften die Vermögen ins Endlose wachsen. Genau das geschieht im Moment, seit dem Beginn der Krise auch mit Hilfe der Zentralbanken, die ausfallende Zahlungen garantieren. Diese Lösung bleibt allerdings auf das Finanzsystem beschränkt, und gerät stets in Gefahr, sobald Zahlungsforderungen nicht beglichen werden sollten. Wenn wir im Bild des Flusses bleiben wollen, bedeutet das so viel wie beim Bau eines großen Staudamms nicht bedacht zu haben, dass die Quelle zum Versiegen kommen könnte. Deshalb spricht einiges dafür, dass irgendwann auch die Finanzfeudalherren die zweite Lösung favorisieren werden, wenn es anders nicht gelingt, den Konsum aufrecht zu erhalten.

Höhere Löhne scheiden in der Utopie der Finanzwelt klarerweise aus, zumal die wenigen verbliebenen Beschäftigten keine Macht mehr haben, sie durchzusetzen. Da die Produktion nur einen kleinen Teil der Bevölkerung betrifft, steht die Arbeiterklasse heute am Rand der Gesellschaft, so wie im 19. Jahrhundert die Bauern. Dann kehrt sich das alte marxsche Argument um, dass die am Produktionsprozess Beteiligten immer einen Hebel haben um zu kämpfen. Wer vom Produktionsprozess ausgeschlossen ist, kämpft nicht, sondern geht betteln, in der einen oder anderen Form. Nur wenn das Betteln allzu entwürdigend wird und man allzu viele damit bedroht, treibt es die Menschen auf die Straße. Spätestens dann, und soweit könnte es in Europa bald sein, sollte die Finanzindustrie genug gute Gründe finden, den Bettlern zu geben.

Ihnen nichts zu geben, wäre keine Alternative. Das würde nämlich das Risiko erhöhen, dass Zahlungsforderungen nicht nachgekommen wird und dass darüber hinaus mit sozialen Unruhen der Risikoaufschlag zum Zins steigt, was automatisch Vermögenswerte schmälert. Hier, und nicht im Niederlegen der Arbeit, liegt heute der eigentliche Hebel der nicht mehr arbeitenden Klasse: Ärger machen und nicht genug einkaufen.

In diesem Sinn liegt es gerade im hochentwickelten Finanzkapitalismus im Interesse der Investoren, Geld an alle zu verteilen. Und zwar ohne Gegenleistung. Auf keinen Fall verbunden mit einem Investitionsprogramm, denn der Staat soll ja dem unter Finanzfeudalisten herrschenden Dogma zufolge gerade nicht in den Markt eingreifen. Ein Unterschied zwischen den Utopien der Vollbeschäftigung und denen des Grundeinkommens liegt darin, dass im es im einen Fall einen staatlichen Plan gibt, im anderen nicht. Was man als Einladung an das Finanzkapital verstehen darf, sich die zusätzlich verteilten Mittel ohne große Umwege anzueignen.

Das Grundeinkommen erleichtert diese Aneignung erheblich, da Leute für ein immer geringeres Zubrot zum Arbeiten gebracht werden können. Ihre Lebenserhaltung ist ja bereits gesichert, also kann der Betrag dementsprechend von den Löhnen abgezogen werden. Somit hätte diese Form der Hilfeleistung auch noch den sehr willkommenen Effekt, Arbeitskosten zu subventionieren.

Es gibt allerdings auch positive Wirkungen, die über das unmittelbare Interesse der Investoren hinausreichen.

Ein Problem, das das Grundeinkommen löst, ist das Versiegen der Arbeit. Wenn steigende Produktivität dazu führt, dass kaum jemand mehr mit dem Herstellen von Dingen beschäftigt ist, müssen dementsprechend viele Menschen aus dem klassischen Akkumulationsprozess ausgeschlossen werden. Die Waren wollen trotzdem verteilt und bezahlt sein. Die amerikanische Lösung, das nötige Geld mit Hilfe von Konsumentenkrediten heranzuschaffen, hat diesen Widerspruch eine Weile überdeckt, allerdings um den Preis erheblicher wirtschaftlicher Risiken, wodurch unter anderem die letzte Finanzkrise ausgelöst wurde.

Ein weiterer Nebeneffekt wäre die globale Angleichung der Löhne. Das betrifft vor allem Löhne für Arbeiten, die Leute aus eigenem Antrieb und gerne machen. Künstlerische Selbstausbeutung wäre damit auf den Sockel eines allgemeinen Stipendiums gehoben. Arbeiten dagegen, die nicht gerne gemacht werden, müssten das Grundeinkommen deutlich aufstocken.

Indirekt wird auch das Grundeinkommen dafür sorgen, dass die konventionelle Produktion wieder anläuft, denn es will ja ausgegeben werden, und also aus der Sicht der Investoren wieder eingenommen werden und so zum Wachstum des Reichtums beitragen.

Und es gibt noch einen entfernteren Nutzen. Nicht vermehrbare Güter, zu denen der Planet und alle seine materiellen Ressourcen gehören, werden höher bewertet. Da die Vermögen viel schneller wachsen können als die Einkommen, steigen die Preise typischer Vermögensgüter, also vor allem nicht vermehrbarer Güter. Der Schaden, den Umweltverschmutzung an einem Stück Land anrichtet, wächst, je höher dieses Land bewertet ist. Umweltschäden würden damit weit wenig toleriert als vorher. Daher ist grün die politische Farbe des Grundeinkommens.

Mit dem Grundeinkommen könnte es dem bestehenden Finanzsystem also durchaus gelingen, seine eigenen Ziele – Erhalt und Steigerung der Vermögen – mit dem übergeordneten Zweck einer menschenverträglichen Wirtschaft – Würde, Freiheit – zu vereinbaren.

Gegenargumente

Was verhindert eine menschenfreundliche und nachhaltige Lösung, die auch noch zum Vorteil der Vermögenden wäre? Genau diese Frage hat sich der polnische Ökonom Michał Kalecki noch während des zweiten Weltkriegs mit Bezug auf den Sozialstaat gestellt.[113] Die Weigerung der herrschenden Klasse, staatliche Mittel freizugeben, konnte sich Kalecki nicht anders erklären, als durch einen obsessiven Drang zum Distinktionsgewinn. Der Reiche fühlt sich weniger reich, wenn er seine Ressourcen mit den Armen teilen muss, wenn etwa jeder wie er selbst ein Auto hat und am Ende auch noch damit herumfährt und die Straßen verstopft. Das war Kaleckis Hauptargument, um sich den verbohrten Willen zu erklären, lieber gegen die eigenen Interessen zu handeln, als anderen etwas abzugeben.

Es gibt aber noch andere Gründe, und die liegen im Verhältnis der erwarteten und beanspruchten Zahlungen zur Entwicklung der Preise. Für die in der Vergangenheit generierten Zahlungsforderungen wurde ein bestimmter Zinssatz zugrunde gelegt. Steigenden Zinsen führen dazu, dass die Vermögen vergleichsweise weniger wert werden. In dieser Schmälerung der Vermögen liegt einer der Hauptgründe, warum Inflation als gefährlich gilt. Sie entwertet künftige Forderungen. Aus der Idee der Produktionsökonomie her leitet sich die Befürchtung ab, dass Preise steigen und die Forderungen entwertet werden könnten, wenn man den gewöhnlichen Leuten mehr Geld gibt, das in den Konsum fließt. So geschehen in den 1970er Jahren, als die Löhne stiegen, es zur Inflation kam und die Vermögen verfielen. Tatsächlich droht Inflation erst dann, wenn über das Grundeinkommen mehr Kaufkraft bereitgestellt wird, als die Ressourcen der Produktion bedienen können.

Ein anderer großer Hindernisgrund liegt im komplizierten Prozess der Entscheidungsfindung, um etwas wie Grundeinkommen von der Seite der Finanzindustrie her überhaupt in die Wege zu leiten. In der Regel entscheiden Gremien nicht nach Informationen, sondern nach einer Art von emotionalen Haltung. Man hört

---

[113] Michał Kalecki, »Political Aspects of Full Employment«, *The Political Quarterly*, Bd. 14, Ausg. 4, S. 322-330, Oktober 1943 – 1943 bezog sich Kalecki natürlich nicht auf den erst kommenden westdeutschen Sozialstaat, sondern auf die USA und Großbritannien.

sich erst lang und breit an, was Experten zu sagen haben, und beschließt nachher doch, was man will. In der Politik mag das für die Karriereleiter hilfreich sein, für das Gemeinwohl eher selten. Denn so gewinnt tendenziell die Entscheidung, die auf der nächsthöheren Hierarchieebene für Wohlwollen sorgt.

Dazu kommt, dass gemeinsame Regeln in der Finanzwelt wenig zählen. Zwar werden Regulierungen zum eigenen Vorteil stets begrüßt, aber nie ein Konsens, der auch nur temporär Gewinne schmälert, auch wenn er längerfristig noch so nachhaltig wäre. Der Vorschlag, dass alle etwas abgegeben, um die Lage insgesamt zu befördern, erscheint unter diesen Bedingungen undenkbar.

Das macht es den Mitgliedern der sogenannten Eliten nahezu unmöglich, auch nur einzugestehen, dass es für alle von Nutzen sein könnte, einen Teil der Finanzgewinne in den Konsum zu lenken, um sie danach via Produktion wieder einzusammeln.

Dazu kommt weiterhin, dass die Lösung des Grundeinkommens sowohl ideologisch und wie auch praktisch verbaut ist. Die herrschende Wirtschaftstheorie – die ja auch eine Theorie der Herrschenden ist, wie wir gesehen haben – kann Geschenke nicht mit dem Leistungsprinzip vereinbaren und fürchtet um die Motivation und den Arbeitswillen der Beschenkten. Ein ganz auf Wettbewerb bis hinunter zum einzelnen Individuum gerichtetes Menschenbild verbietet es, irgendetwas wahllos zu verteilen oder gar zu verschenken. Das würde die Werte und Tugenden, wenn man es so nennen will, untergraben, selbst wenn noch so viele Experten sagen, dass es der vernünftigste Weg wäre, um die Wirtschaft wieder anzukurbeln und die im Überfluss vorhandenen Produkte zu verteilen. Lieber wirft man die Tomaten weg und hält die Hosenfabrik an, als auch nur ein Stück zu verschenken. Bis auf weiteres gehört das Herstellen von spürbarer Armut zur Staatsräson. Wer kein Geld hat, muss es schon am eigenen Leben spüren, sonst würde das ganze künstlich erzeugte Prekariat ja keinen Sinn ergeben.

Auch die institutionelle Aufteilung der Wirtschaftspolitik mit zwei verschiedenen Entscheidern für Fiskal- und Finanzpolitik steht der Umsetzung im Weg. Zentralbanken können zwar ohne Probleme Milliarden für Finanzinstitutionen freimachen, aber keinen Pfennig zum Bürger leiten. Staaten dagegen fehlt das Geld, oder sie werden von den herrschenden neoliberalen Dogmatikern dazu gedrängt, so zu tun, als ob ihnen das Geld fehlte. Weder also finden sich die für Zustimmung zu einem Grundeinkommen zuständigen Gremien, noch passt eine solche Maßnahme in den jahrelang gepflegten emotionalen Haushalt.

In der globalen Finanzsphäre sind Gremien, die ein Grundeinkommen beschließen könnten, schon gar nicht vorgesehen, noch weniger als innerhalb einzelner Staaten. Es gibt wohl eine ganze Menge an Vereinbarungen und Standards, die in allen möglichen Vereinigungen und Verträgen getroffen werden, aber sie verfolgen schlicht das Ziel, ein Spielfeld zu einzuebnen, auf dem die Finanzwelt in den Wettbewerb um die größtmögliche Bereicherung treten kann, eben das bekannte Paradies für die Herrschaft der Teufel.

Erzwungenes Grundeinkommen

Trotz all dem gäbe es vielleicht einen Ausweg. Da die Finanzmärkte in der gegenwärtigen Lage sehr auf die Zentralbanken angewiesen sind, verfügen diese über eine gewisse Souveränität. Nicht umsonst überlässt man ihre Leitung nicht der Entscheidung der Wähler. Sollten Zentralbanker zu dem Schluss kommen, dass die erste Variante der Geldproduktion scheitert, nämlich *quantitative easing* und andere ähnliche Maßnahmen, um Geld von oben in Märkte zu drücken, könnten sie durchaus auf die vernünftige Idee kommen, das Grundeinkommen wenigstens zu erproben. Das würde zwar bedeuten, die Grenze zwischen Fiskal- und Finanzpolitik zu überbrücken – aber das sind technische Fragen, für die es technische Lösungen gibt. Das größere praktische Problem liegt darin, das Grundeinkommen mit den Wünschen des Kapitalmarktes zu versöhnen. Eine der Visionen besteht in der globalen Angleichung der Löhne, aus Sicht der Investoren selbstverständlich nach unten. Gerne gleicher Lohn für gleiche Arbeit, aber bitte auf chinesischem Niveau oder auch darunter. Womöglich ließe sich diese Lösung der Finanzwelt schmackhaft machen, wenn mit der Einführung des Grundeinkommens die im Westen erkämpften gemachten Errungenschaften wie geregelte Arbeitszeit, Sozialleistungen und ähnliches vollends geschleift werden könnten. Das wäre ein *win-win-* oder *lose-lose* – Lösung, je nachdem von welcher Seite man es sieht.

Wenn's aber mit den Löhnen nach unten geht, ergibt sich ein anderer Konflikt. Denn zugleich will man ja nicht auf die reichlichen Mieten verzichten, die sich in Europa oder anderen hochentwickelten Gegenden kassieren lassen. Würden also wirklich in Griechenland Löhne wie in Bangladesch gezahlt werden, so sähe man sich geradezu gezwungen, ein Grundeinkommen zu verteilen. Andernfalls würde das in den Immobilien bereits verbuchte Vermögen vernichtet.

Daher erscheint es durchaus möglich, dass eine arbeiterfeindliche und konservative Regierung das Grundeinkommen im Interesse der Investoren einführt und diese Reform zum Anlass nimmt, die Gewerkschaften vollends zu zerschlagen. Löhne könnten dann flächendeckend unters Existenzminimum gedrückt werden, denn das Leben wird ja subventioniert. Billiglohn und Prekariat wären nicht mehr eine Randerscheinung, sondern die Regel. Wem das nicht passt, der kann sich ja ein anderes Land suchen. In diesem Sinn schafft das Grundeinkommen eine ideale Lösung für den Widerspruch zwischen dem Wunsch nach niedrigen Löhnen und dem Erhalt der Vermögen und Investitionen.

Realistischerweise darf man eine derartige Entwicklung erst nach Jahren wirtschaftlicher Agonie erwarten, wenn etwa die europäische Austerität zu lang anhaltenden japanischen Zuständen, also steigender Staatsverschuldung bei gleichzeitig anhaltenden deflationären Tendenzen, und schließlich allerorten Aufstände damit drohten, Vermögenswerte zu vernichten.

Seiteneffekte und Folgen

Um noch ein, zwei Seitengedanken anzufügen. Am Ende könnte das Grundeinkommen dazu führen, nebenbei einen ganz anderen alten Wunsch unserer Oberschicht zu erfüllen, nämlich die Abschaffung des Papiergelds, mit dem die Leute untereinander Schwarzhandel treiben und allerlei anderen Unfug. Denn selbstverständlich wird es wie die amerikanischen *food stamps* volldigital vergeben werden. Wenn schon nichts zu holen ist, dann lassen sich wenigstens sämtliche Daten zu den Konsumgewohnheiten der Bettler abgreifen.

Damit wäre vielleicht ein weiterer Vorteil verbunden. Ohne reales Geld lassen sich negative Zinsen arrangieren, denn niemand kann mehr sein Erspartes unterm Kopfkissen horten. Das wiederum würde selbst eine langanhaltende Deflation erlauben, so dass Waren und Arbeit immer billiger werden. Wenn aber einer Sachwerte besitzt, die ihren Preis halten, lebt er im Paradies. Damit wären wir allerdings bei der Bemessung der Reichtümer von den *flows* zu den *stocks* zurückgekehrt, und der Finanzadel wäre wieder bei märchenhaften Reichtümern und Geldspeichern angekommen.

Damit nicht genug: Theoretisch lässt sich der Zusammenhang von Finanzvermögen und Grundeinkommen vielleicht mit den Modellen von Elinor Ostrom beschreiben. Wenn wir die ganze Ökonomie als ein großes Ökosystem begreifen, geht es darum, Menschen möglichst nachhaltig und ertragreich zu halten. Dann könnte man die Bewirtschaftung der Bürger auf die gleiche Weise organisieren wie die Bewirtschaftung von Fischen, um aus einer bestimmten Menge von Menschen die größten Finanz-Fangquoten heraus zu holen. Dann stellt sich die Frage wie folgt: Wo liegt die optimale Höhe des Grundeinkommens, um einen maximalen Kapitalstock mit der gegebenen Menschheit zu nähren?

Alles zusammen, das Grundeinkommen mitsamt den ins Endlose wachsenden Vermögen, führt zu einem Zustand, den Keynes im Schlusskapitel seiner allgemeinen Theorie beschreibt. Im reifen Finanzfeudalismus liegt das Kapital in einer solchen Überfülle vor, dass es keine Rendite mehr verlangen kann.[114] Dann kann es aber auch keinen Einfluss mehr ausüben, da jedes noch so kleine Risiko das fragile Gebäude der Vermögen erschüttert. In diesem Fall dämmern die Reichtümer hinweg. Sie werden sagenhaft. Sie sind zwar noch da, haben aber schon nichts mehr zu melden, wollen vielleicht auch nichts mehr, weil zu groß, zu träge. Wo das Kapital sich in Unendliche steigert, verliert es seinen drückenden Charakter.[115] Es würde sich buchstäblich selbst lahmlegen und seiner Macht berauben. Am Ende steht die Frage, wozu die enormen entleerten Vermögen gebraucht werden. Der Finanzfeudalismus würde als eine Herrschaft von Parasiten sichtbar werden, deren unsinniger Hofstaat und seltsame Hobbies dauerhaft finanziert werden wollen. Wenn irgendwo die Aussicht auf eine Situation mit tatsächlich revolutionärem Potenzial aufscheint, dann vielleicht in diesem Fall. Haben wir es bis dahin nur mit einem Waffenstillstand zu tun oder geht die Bereicherungsmaschine in eine Art von stabilisierter Harmonie über? Vermutlich das Beste, was das Grundeinkommen erreichen kann, sind ein paar Jahrzehnte Ruhe, in denen der Finanzfeudalismus sich zwischen den sagenhaften Reichtümern und einem ruhig gestellten Prekariat zum neuen Biedermeier auswächst.

---

[114] John Maynard Keynes, *General Theory of Employment, Interest, and Money*, a.a.O., Kap. 24, Abs. II, S. 236f.

[115] Ebd.

Geldlose Ökonomie

Ökonomie, Relation und Netzwerk

In ihrer Gesamtheit besteht die Ökonomie aus sozialen Verhältnissen. Menschen handeln mit Menschen. Sie geben und nehmen, tun etwas für andere und mit anderen. Lebewesen und Dinge sind auf ihre je eigene Art ebenfalls einbezogen, ohne aber auf die gleiche Weise wie Menschen Entscheidungen zu treffen.

Die Wirtschaft hat damit zu tun, Arbeiten und Güter zu verteilen. Es muss geklärt werden, wer welche Aufgabe erledigt und wer welche Dinge oder Hilfeleistungen erhält. Als Arbeit können wir dabei jede Tätigkeit verstehen, die für andere ausgeführt wird, also nachgefragt oder weiter verwertet wird, oder auch nur weiter verwertet werden kann.[116]

Die Allokation von Arbeiten und die Distribution von Waren oder Dienstleistungen bildet in ihrer Gesamtheit ein großes Netzwerk von Transaktionen. Geld gilt als unerlässlich, um diese Transaktionen zu koordinieren, als Tauschmittel, Zahlungsmittel und zur Wertspeicherung. Es ermöglicht, die Entscheidungen aller Beteiligten zu berücksichtigen und dynamisch zwischen allen Interessen zu vermitteln, wenn auch mit den bekannten unschönen Begleiterscheinungen.

Die Utopie einer Wirtschaftsform ohne Geld fordert, dass es möglich sein muss, die Vermittlung aller Transaktionen als Netzwerkproblem zu beschreiben und algorithmisch zu lösen. Nicht im Sinn einer großen Planwirtschaft, sondern mit einer Form der Zuordnung, die allen Beteiligten größtmögliche Freiheiten lässt und auf deren Entscheidungen reagiert. Dafür braucht es weder Geld noch irgendein anderes allgemeines Äquivalent als Geldersatz. Auf eine mögliche Lösung in diese Richtung weist Nara-

[116] Hier wäre es interessant zu fragen, welche Form der Arbeit Tiere, Pflanzen, aber auch Maschinen und Algorithmen leisten.

yana Kocherlakota hin, der zeigt, dass Geld unter bestimmten ökonomischen Voraussetzungen durch ein Erinnerungssystem ersetzt werden kann.[117] Wobei das Erinnerungssystem allerdings noch immer äquivalente Werte notiert.

Der eigentlich utopische Aspekt einer geldlosen Ökonomie liegt allerdings gerade in der Überwindung des allgemeinen Äquivalents. Die Relationen der Netzwerkökonomie mit Ersatzgeld zu lösen, würde die Probleme der Geldwirtschaft nur verschieben. Geldlos meint daher nicht, herkömmliche Zahlungsmittel durch andere abzulösen, also etwa durch Bitcoins, Vollgeld, Schrumpfgeld, Regionalgelder oder welche Konstrukte auch immer. An Stelle des Geldes tritt ein rekursives Bewertungssystem, das Transaktionen als solche notiert, ihnen je nach momentanem Zustand des Systems Werte zuordnet, und zwar durchaus mehrere parallel, und algorithmisch die Frage des Matchings, also der Zuordnung, löst.

Der Matchingalgorithmus macht den Kern des Systems aus. Dabei geht es darum, Angebot und Nachfrage zusammen zu bringen. In einem Geldsystem geschieht das über den Preis, in einem Netzwerk dagegen über den Abgleich der Transaktionsgeschichte der Beteiligten mit ihren Fähigkeiten, Möglichkeiten und Bedürfnissen. Der Algorithmus sollte, ähnlich wie Geld, kein Zuordnung von Käufer und Ware festlegen, sondern eine Schnittstelle bereit stellen, die es allen Beteiligten erlaubt, von Fall zu Fall zu entscheiden, was sie anbieten und was sie wollen.

Transaktion

Die elementare Handlung jeder Ökonomie ist die einzelne Transaktion, also die Gabe, der Tausch oder der Kauf. Unter Geld-

---

[117] Narayana R. Kocherlakota, »Money as Memory«, *Federal Reserve Bank of Minneapolis*, Research Department Staff Report 218, Oktober 1996, www.minneapolisfed.org/research/sr/sr218.pdf

bedingungen folgt jede Transaktion im Format von Kauf und Verkauf einem festgelegten Protokoll mit einer bestimmten Abfolge von Schritten. Der Kunde wählt ein Produkt aus. Der Verkäufer nennt einen Verkaufspreis. Wenn der Kunde eine andere Summe zahlen will, kommt das Geschäft entweder nicht zustande, oder beide finden ein Verfahren, sich zu einigen. Am Ende bezahlt der Kunde und erhält die Leistung. Beide sind quitt. Es bleibt kein Rest übrig, kein Kredit, keine Verbindlichkeit.

Das Geldprotokoll erzwingt, dass jede Leistung und jede Ware zu einem Preis bewertet wird. Es verlangt weiterhin, dass alle in ökonomischen Kreisläufen gehandelten Objekte einem Besitzer zugeordnet sind.

Weder historisch noch technisch gesehen müssen Transaktionen zwingend diesem Protokoll folgen.[118] Es hat sich mit der Einführung des Geldes etabliert, und es kann abgelöst werden, wenn bessere Verfahren verfügbar sind. Solange wir allerdings unter dem Regime des Geldes handeln, erscheint das Verfahren so universell und unumgänglich, dass es uns schwer fällt, andere Möglichkeiten auch nur zu erwägen, geschweige denn ihre Konsequenzen abzuschätzen.

Dabei sind andere Protokolle des Gebens und Nehmens durchaus in unserem Alltagsleben präsent, etwa in der Leihgabe oder als Geschenk. Der entscheidende Unterschied zwischen geldlichen und geldlosen Protokollen liegt in der Symmetrie. Geldzahlungen hinterlassen stets einen ausgeglichenen Zustand ohne Rest.[119] Es erscheint geradezu als Obsession des Geldregimes, keine andere Transaktionsform zuzulassen.[120] Geldlose

---

118 Vgl. hier auch die Kritik von Derrida an der Darstellung des Tausches bei Marcel Mauss in Jacques Derrida, *Falschgeld. Zeit geben I*, München 1993, S. 54.

119 Auch wenn in der Datenwelt sämtliche Transaktionen notiert werden, ganz so als wollte man den Übergang zur geldlosen Ökonomie schon vorbereiten.

120 Vgl. Maurizio Lazzarato, *Marcel Duchamp e il Rifiuto del Lavoro*, Mailand 2014, S. 17.

Transaktionen können dagegen asymmetrisch bleiben, also nur geben, ohne etwas zurück zu erhalten, oder nur nehmen, ohne zu zahlen.

Um Gaben in ein Gleichgewicht zu bringen, wurden vor dem Geld verschiedene Erinnerungs- und Aufschreibeverfahren eingesetzt.[121] Beim reinen Geben ohne Gegengabe bleibt kein Rest, sondern nur eine Notiz, die im ökonomischen Verteilungsmodell der Gesamtheit aufgeht. In einem größeren Netzwerk können sich asymmetrische Transaktionen aufheben. Zu diesem Zweck braucht man einen Matchingalgorithmus, der das ganze Umfeld und die Profile der Beteiligten auswertet. Dann wird eine Ökonomie denkbar, die nur aus asymmetrischen Transaktionen besteht.

Einen wesentlichen Anteil an jeder Transaktion machen Metainformationen aus. Auch unter Geldbedingungen löst jede Transaktion nachträglich eine Serie weiterer Informationen aus, die Produktion und Verteilung koordinieren. Es wird registriert, welches Produkt abgesetzt wurde, und diese Nachricht beeinflusst die Herstellung weiterer gleicher oder ähnlicher Produkte. Am Informationsumfeld einer Transaktion würde sich ohne Geld nicht sonderlich viel ändern, abgesehen von der Tatsache, dass neben dem Kauf als Übertragung von Besitz auch andere Gebrauchsformen berücksichtigt werden. Wenn ich also ein digitales Buch kopiere und lese, dann zählt das unter Geldbedingungen nichts oder gar als Schaden. In einer Welt geldloser Transaktionen dagegen würde der Zugriff positiv bewertet und könnte für den Autor zusätzliche Reputation generieren. Die von der Transaktion oder vom Gebrauch ausgelösten Metainformationen dienen letztlich dazu, das Wirtschaftsleben zu koordinieren.

---

[121] Alla Semenova, *The Origins of Money: Evaluating Chartalist and Metallist Theories in the Context of Ancient Greece and Mesopotamia*, Kansas City MI 2011; – wenn nicht sogar die Geburt der Schrift genau ein solches Aufschreibesystem darstellt.

In geldlosen Wirtschaftsformen müssen alle Transaktionen notiert und verarbeitet werden, um Allokation von Arbeit und Distribution von Gütern zu regeln. Die möglichen Verfahren unterscheiden sich, was die Nähe zum Geld und was die Rolle der Dinge angeht.[122] Es lassen sich Verfahren mit mehr oder weniger geldnahen oder geldfernen Notationen vorstellen. Die angewandten Werteskalen können eindimensional oder mehrdimensional sein. Objekte können als passiv oder als aktiv angesehen werden. All dem liegt die Idee zugrunde, auf ein übergreifendes Maß der Bewertung zu verzichten und die Metainformationen der Transaktion einzusetzen, um das Gesamtsystem zu koordinieren. Das hat nichts mit starrer Planwirtschaft zu tun, bei der zentral Entscheidungen über Produktion getroffen werden. Im Gegenteil liegt das Ziel darin, allen Beteiligten genügend Information zur Verfügung zu stellen, so dass sie ihre Fähigkeiten einsetzen, wie sie wollen, und über Handlungen und Wünsche frei entscheiden können.

Geschichte

Es gibt ein mediengeschichtliches Argument, das den Übergang zu einer geldlosen Ökonomie geradezu als notwendig erscheinen lässt. Betrachtet man den Zusammenhang zwischen Wirtschaft und Datenverarbeitung über eine längere Spanne, so erscheint der Gebrauch von Geld als eine notwendige Zwischenlösung. Sie ergibt sich aus dem Verhältnis der Menge von Transaktionen zur Kapazität der Datenverarbeitung. In der Zeit vor dem Geld herrschten asymmetrische Transaktionen vor. David

---

[122] In einer Diskussion mit Dmytri Kleiner kam die Idee auf, Geldschöpfung radikal auf alle zu verteilen, so dass jede und jeder die eigene Währung hervorbringen könnte. Danach müsste freilich laufend ein personalisierter *Level of Trust* in dezentralen Zertifizierungsstellen überprüft werden.

Graeber hat darauf hingewiesen, dass die Kulturen des Gütertausches nur in der Phantasie von Wirtschaftshistorikern existierten, die vom Geld her dachten, und unbedingt eine Geschichte der Ökonomie auf der Basis des Tausches, also der symmetrischen Transaktionen schreiben wollten.[123] Anthropologen gelang es jedoch nie, Spuren solcher Tauschgesellschaften zu finden.

Solange Dinge und Hilfeleistungen in kleinen dörflichen Gemeinschaften gegeben werden, genügt die menschliche Erinnerung, um sich zu merken, wer wem was gegeben oder wer wem geholfen hat. Das System muss nicht exakt funktionieren und es kann darauf verzichtet werden, jedes Objekt einem Eigentümer zuzuordnen. Was gebraucht wird, geht in der dörflichen Gemeinschaft von Hand zu Hand, und wer Hilfe benötigt, bekommt sie.

Mit den größeren Siedlungen und der agrarischen Produktionsweise beginnt eine Wirtschaftsform der Notation, in der Schulden angeschrieben werden. Das menschliche Gedächtnis genügt dann nicht mehr, um sämtliche Geschäfte zu erinnern. Daher kann die Anzahl der Transaktionen nur dann ansteigen und sich über den Bereich der Freunde und Bekannten hinaus erstrecken, wenn sie entweder notiert oder beglichen werden. Die entsprechenden Listen wurden oft in Tempeln geführt. Viel spricht dafür, dass die Tempelkulte und späteren Religionen aus der Institutionalisierung ökonomischer Notationspraktiken entstehen, eingeschlossen die Erfindung der Götter.[124] Geld in unserem Sinn kennen und brauchen diese Institutionen noch nicht. Sie führen Buch über gelieferte und gegebene Güter.

---

[123] David Graeber, *Schulden*, Stuttgart 2012, S. 27f.

[124] Im Sinn von Leroi-Gourhans Hypothese, »die gesellschaftlichen Institutionen stünden in engster Übereinstimmung mit der techno-ökonomischen Organisation«. In: Ders., *Hand und Wort*, Frankfurt a. M. 1980, S. 190. Die Schriftreligionen entstehen um den Kult und die Institutionen der Notation von Schulden, und die Götter werden sozusagen als eine erzählerische Umsetzung der Kreditverwaltung hinzugedichtet. Vgl., wenn auch mit anderem Akzent, Christina von Braun, *Der Preis des Geldes*, Berlin 2012, S. 86ff.

Geld schließlich kommt zuletzt in der Kette der Aufschreibesysteme, sozusagen als transportables Mittel einer ausgelagerten Buchführung, von kriegführenden Staaten eingesetzt, um unterwegs die Versorgung der Truppen zu gewährleisten.[125]

Erst das Geld führt zur allgemeinen Durchsetzung eines Eigentumsbegriffs, denn Dinge werden jetzt nicht mehr einfach nur gebraucht, sondern auch als Wert an sich betrachtet und verkauft, und von daher auch besessen. Die Abstraktion durch das allgemeine Äquivalent führt schließlich dazu, dass sich auch entsprechende Denkformen breit machen[126], die dann später verschriftlicht und zur Philosophie weitergedacht werden.[127] Nicht von ungefähr fällt der Ursprung der Münzen und der Philosophie in den Städten Kleinasiens zeitlich zusammen.

Im Hinblick auf Netzwerke von Transaktionen erschließt sich die mit dem Geld einhergehende ungeheure Vereinfachung leicht. Die Verbindungen in einem Netzwerk wachsen exponentiell zu dessen Umfang. Je größer ein Netzwerk, desto mehr mögliche Verbindungen bringt jedes neue Mitglied hinzu. In einem Dorf von 100 Leuten kann man den Überblick behalten, wer wem wann was geliehen hat. Für eine Stadt mögen die Aufschreibesysteme der Tempel genügen. Handel über den Kreis der Freunde und über die Reichweite der Gesetze und Schuldeneintreiber hinaus wäre ohne Tausch, als ohne Transaktionen zu begleichen, nicht möglich. Das Zahlen mit Geld löst jede Transaktion in einen Tausch auf. Es bleibt kein Rest. Nur mit Geld, und nicht ohne, können sich ökonomische Netzwerke und Handelsrouten über den Zugriffsbereich einer Herrschaft und über die Kontrolle eines Aufschreibeinstitution hinaus ausdehnen und in

---

[125] David Graeber, *Schulden*, a.a.O., Kap. 9, »Die Achsenzeit«, S. 235-264.

[126] So die These von Alfred Sohn-Rethel, *Warenform und Denkform*, Frankfurt a. M. 1978, S. 127.

[127] Eric A. Havelock, *Preface to Plato*, Cambridge MA 1963.

beliebige Größe wachsen. Das Problem der ökonomischen Datenverarbeitung ist damit nicht durch größere Kapazität, sondern durch ein Kompressionsverfahren namens Geld gelöst worden.

In der Zwischenzeit hat sich das Verhältnis von Transaktionen zur Datenverarbeitung umgekehrt. Rechenleistung und Datenverarbeitungskapazität übersteigen die Anzahl der Transaktionen bei weitem. Man ist heute durchaus in der Lage, jede Transaktion weltweit zu speichern und ohne Verzögerung auszuwerten. Daher lassen wir technisch gesehen eine Epoche hin-

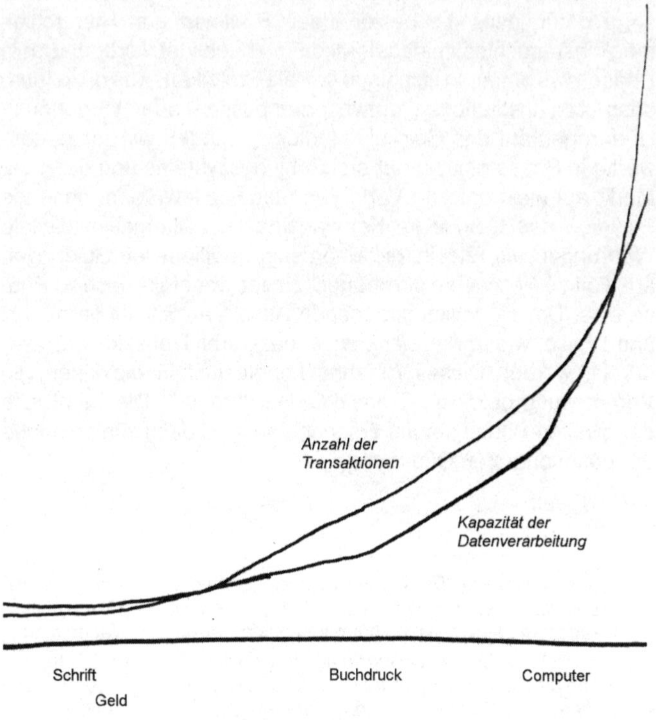

ter uns, in der die Ausdehnung der Ökonomie und die Administration der Transaktionen nur durch das Medium Geld möglich wurde. Wenn technische Aufschreibesysteme und Datenbanken die Funktion des Geldes übernehmen, könnte die Gesamtwirtschaft in das Stadium eines »globalen Dorfes« eintreten. Damit könnte, von den technologischen Möglichkeiten her gesehen, die Epoche des Geldes enden.

Wenn neue Technologien an die Stelle der alten treten, löst das üblicherweise einen Wandel in zwei Phasen aus. In Phase eins dominiert das Beharrungsvermögen der Institutionen und sorgt dafür, dass die bestehenden Routinen und Hierarchien möglichst bruchlos im neuen Medium abgebildet werden. Erst in Phase zwei entfalten sich neue soziale Praktiken, was dazu führt, dass sich Institutionen entweder anpassen oder vergehen.[128] Übertragen auf das Geld als Medium, befinden wir uns gegenwärtig in Phase eins, in der erst Zahlungssysteme und dann der Markt auf elektronische Verfahren umgestellt wurden, ohne die Funktion des Geldes im Kern anzutasten. Alternative digitale Währungen wie Bitcoin, die einen sehr traditionellen Geldbegriff auf digitale Netzwerke übertragen, zählen ebenfalls noch zu Phase eins. Der eigentlich spannende Aspekt an Bitcoin ist die Art und Weise, wie in der *block chain* dezentral Transaktionen verarbeitet werden. Dieses Verfahren könnte auch für die dezentrale Verarbeitung geldloser Transaktionen taugen.[129] Die Umbrüche der zweiten Phase stehen erst noch an, und dazu zählt die Idee der postmonetären Ökonomie.

---

128 Vgl. hier Tim Wu, *Der Master Switch. Aufstieg und Niedergang der Medienimperien*, Heidelberg u. a. 2012, der am Beispiel der Kommunikationsmedien Beispiele für diese beiden Arten des Wandels gibt.

129 Vgl. Robleh Ali, John Barrdear, Roger Clews, James Southgate, »Innovations in payment technologies and the emergence of digital currencies«, *Bank of England, Quarterly Bulletin* 2014 Q3, Vol. 54, Nr. 3, S. 262-275.

Große Reichtümer lassen sich in einer geldlosen Ökonomie nicht horten. Wenn es kein Geld gibt, das als Wertspeicher besessen und als Zahlungsforderung angehäuft werden kann, gibt es keinen Grund, ohne Gegenleistung in großem Umfang anderer Leute Arbeit einzufordern oder gar dieses Recht zu übertragen und zu vererben. Wenn eine Person in dem Maß auf die Arbeit Anderer zurückgreifen kann, in dem sie selbst zur Gemeinschaft beigetragen und etwas für Andere getan hat, erledigt sich die Idee, Reichtümer und Ansprüche anzuhäufen. Damit verliert sich auch die im Geld formalisierte Macht.[130]

Unterbrochen wird ebenfalls das dauernde Kommando nach einem abstrakten »Mehr!«.[131] Anstelle der geldgetrieben Motivation, Arbeit und Güter nur als Mittel zu dem abstrakten Zweck der Bereicherung zu betrachten, könnte eine geldlose Wirtschaft intrinsische Motivationen aufwerten. Damit verändert sich die Haltung zur eigenen Tätigkeit. Was Marx unter dem Begriff der Entfremdung mit dem Entzug der Produktionsmittel und dem Tausch des Produzierten auf einem anonymen Markt erklärte, gilt für geldvermittelte Arbeit insgesamt. Der Nutzen, den andere aus der eigenen Arbeit ziehen, bleibt dem Arbeiter grundsätzlich entzogen. Die Tätigkeitsformen in der digitalen Produktion hätten dieses Entfremdungsverhältnis längst aufheben können, aber tatsächlich wird es künstlich aufrechterhalten, um auch immaterielle oder kognitive Arbeit der kapitalistischen Produktionsordnung zu unterwerfen.[132] Ohne Geld und seine Abstraktionsmacht

[130] Vgl. Jonathan Nitzan, Shimshon Bichler, *Capital as Power. A Study of Order and* Creorder, London 2009.

[131] Ein Effekt, den Aristoteles am Übergang von einer geldlosen zu einer geldhaften Ökonomie in dem begrifflichen Gegensatz von Chrematistik gegen Ökonomik ausdrückt, Aristoteles, *Politik*, 1256a - 1257a.

[132] Vgl. zuerst Maurizio Lazzarato, *Lavoro immateriale*, Verona 1997, S. 39ff., und zu den Folgen: Franco Berardi (Bifo), *La fabbrica dell'infelicità*, Rom 2001.

gibt es wenig Grund, immaterielle Arbeit als entfremdete darzustellen, aber umso mehr Anreize, Tätigkeiten wieder als Beitrag zur Allgemeinheit sichtbar zu machen.

Ohne Geld erübrigt sich der starke Begriff des Eigentums. Wir müssen nicht mehr jedes Ding einem Besitzer zuordnen. Die Tatsache, dass so gut wie alles jemandem gehört, prägt unseren Umgang mit den Dingen. An die Stelle von Gemeinschaften mit freiem Zugang zu allgemeinen Gütern treten Verbotsgesellschaften mit übersteigertem Sinn für Besitz.

Der geldgetriebene Drang zum Eigentum löst sich schon heute dort auf, wo sinkende Informationskosten den gemeinsamen Gebrauch von Dingen und Daten nahe legen. Noch laufen die meisten Sharingmodelle – sieht man einmal vom Filesharing ab, das als illegal unterdrückt wird, obwohl oder gerade weil es ein technisch völlig angemessener Gebrauch von Daten ist – unter dem Regime des Geldes, weisen aber bereits darüber hinaus. Dass die meisten Dinge dazu da sind, gebraucht zu werden und dazu nicht unbedingt eines Besitzers bedürfen, wird unter vernetzten Kommunikationsbedingungen immer offensichtlicher.

Eine entscheidende Frage in jedem Wirtschaftssystem betrifft die Motivation. Unter geldlosen Bedingungen wird man entweder algorithmisch ein System installieren müssen, das dem heutigen Arbeitszwang vergleichbar ist, was sich durchaus machen lässt und auch droht, oder aber die Gewinne und Vorteile viel ausgeglichener verteilen müssen, so dass alle sichtbar von ihrem Einsatz profitieren.

Da Geld unseren Umgang mit Menschen und Dingen beherrscht, bringt die Befreiung davon tiefgehende Auswirkungen auf Verhaltensweisen und Einstellungen. Es handelt sich um nichts weniger als eine Umwertung all der Werte, die heute unter dem ökonomischen Imperativ unser Handeln leiten. Die ethische Dimension dieser Utopie lässt sich kaum einschätzen, da wir schon immer unterm Gesetz des Geldes leben und andere Umgangsformen nie gelernt haben. Man braucht in unserer Gesellschaft kein homo oeconomicus zu sein, um ganz im Bann des

Geldes zu denken, wenn das gesamte Umfeld für richtig hält, was sich rentiert. Andere Maßstäbe des Handelns sind nicht mehr geläufig, wie das antike System der Tugenden oder ein religiöser Wertekanon, der sich nur in den konservativsten Bereichen unserer Gesellschaft noch hin und wieder bemerkbar macht und längst vom Kapitalismus überschrieben wurde. Seit Sharing im Netz zum Geschäftsmodell umgepolt wird, geschieht damit genau das gleiche. Es wäre Zeit, die neuen Modelle des Zusammenlebens wieder dem Zugriff des Geldes zu entziehen.

Matching

Es gibt im Deutschen kein gutes Wort für das, was Matching meint. Transaktionen zu matchen bedeutet, zwei Seiten aufeinander abzubilden und zusammen zu bringen. Das Matching findet die Partner, bringt Angebot und Nachfrage zusammen und macht die Transaktion möglich.[133] Es betrifft drei verschiedene Ebenen, die einzelne Transaktion, eine Summe vergleichbarer Transaktionen, und eine Auswahl vergangener und möglicher Transaktionen.

Auf der Ebene der einzelnen Transaktion geht es darum, Bedarf und Angebot einander zuzuordnen. Ob die Transaktion zustande kommt, hängt von den Wünschen und der Datenlage der Beteiligten ab, und zwar sowohl der Menschen als auch der Dinge. Jeder Handelnde bringt eine Menge an Fähigkeiten und Bedürfnissen ein, und dazu eine Geschichte von Transaktionen und Leistungen. Das gilt im Übrigen auch für Objekte, denen

---

[133] In der ökonomischen Theorie fand die Matching-Frage zuerst durch das Stable Marriage Problem Erwähnung, für das Shapley and Gale 2012, 50 Jahre nach der ersten Veröffentlichung, den Nobelpreis erhielten: David Gale, Lloyd S. Shapley, »College Admissions and the Stability of Marriage«, *The American Mathematical Monthly*, Vol. 69, Nr. 1 (Jan. 1962), S. 9-15.

einen Zweck zugeordnet sein kann und in deren Herstellung eine Geschichte gemeinschaftlicher Arbeit eingeflossen ist.

Um die Transaktion zu ermöglichen, also herauszufinden ob jemand ein Ding erhält oder gebrauchen kann, sichtet der Matching-Algorithmus drei Daten-Schichten, die Daten der einzelnen Beteiligten, die mögliche Nutzung des Objekts, sowie die Gesamtheit der Vergleichsfälle, und schlägt von dort aus Bedingungen für die Transaktion vor.

Ziel ist nicht, eine endgültige Entscheidung zu fällen. Der Algorithmus tritt zwar an die Stelle eines automatischen Walras'schen Auktionators, insofern er theoretisch über vollständige Informationen zu allen Transaktionen verfügen kann, bleibt aber auf die Vermittlung des einzelnen Vorgangs begrenzt und geht im Prozess des »Tastens«[134] eher wie ein Dialog vor, der zwischen den Beteiligten vermittelt.[135] Die letzte Entscheidung, ob die Transaktion durchgeführt wird, bleibt den Beteiligten überlassen. Das unterscheidet sich nicht so sehr vom Verfahren mit Geld, allerdings mit dem Unterschied, dass es keine Wertsumme gibt, die alles glatt stellt, sondern einen Eintrag im Profil, wobei die Transaktion als solche notiert und nicht durch einen abstrakten Wert ersetzt wird. Entscheidend ist, dass die Transaktionen nicht über den Tausch glatt gestellt, sondern als Verknüpfung von Dingen, Menschen und Tätigkeiten gespeichert wird.[136] Die Transaktion ändert dein Profil, nicht dein Vermögen.

---

[134] Vgl. den Begriff des »Tâtonnement« bei Léon Walras.

[135] Ohne unbedingt in einem Gleichgewicht zu enden: Vgl. Donald A. Walker, »Walras's Theories of Tatonnement«, *Journal of Political Economy*, Vol. 95, Nr. 4 (August 1987), S. 758-774.

[136] Ein Beispiel für einen geldlosen Matchingalgorithmus findet sich bei James Schumer, Rakesh V. Ivohra, »Mechanism Design without Money«, in: Noam Nisan, Tim Roughgarden, Éva Tardos, Vijay V. Vazirani (Hg.): *Algorithmic Game Theory*, Cambridge MA 2007, S. 243-265.

Am Markt von heute findet die Kommunikation zum Matching über den Preis statt.[137] Dass dieser Markt eine idealisierte Institution ist, an der tatsächlich politische und regulatorische Regeln wirken, ist nicht erst in jüngster Zeit offensichtlich geworden. Märkte sind immer mit Macht verbunden, mit der Macht, zu regulieren und bestimmte Güter vorzuenthalten, und der Macht, Arbeiten zu kommandieren.

Auch unter Geldbedingungen folgt Matching für verschiedene Güterklassen sehr verschiedenen Regeln. Manchmal zählt, wer zuerst kommt. Oder wer enger befreundet ist. Oder wer dem Produkt einen größeren Nutzen abgewinnen kann. Oder wer es nötiger hat. Oder wer es noch nicht hat. Es ist nicht gesagt, dass für jedes Produkt in jeder Situation dieselben Matchingregeln gelten müssen. Ein Bier in einer Bar wird anders zugeteilt als Grundstücke oder als Kunstwerke bei einer Auktion. Ganz wie unter Geldbedingungen kann auch das Matching ohne Geld unter ganz verschiedenen Spielregeln ablaufen.

Ist die Zuordnung einmal getroffen, löst der Vollzug der Transaktion eine Reihe von Informationen aus, die für die Koordination von Produktion und Konsum verwertet werden können.

Mensch und Objekt

Matching hat mit Fähigkeiten, Bedürfnissen und Möglichkeiten zu tun. Wir können diese Eigenschaften als Vektoren zu einem Individuum bündeln, aber das ist nicht unbedingt notwendig. Es gibt lediglich eine Zeit-Ort-Beschränkung, denn weder ein Ding noch ein Mensch kann gleichzeitig an zwei verschiedenen Orten

[137] Wobei sich das auch bereits verändert, denn die Datendichte ist so angewachsen, dass Preise nicht mehr die gesamte Information abbilden können, sondern umgekehrt die Informationen je nach Zeit und Ort die Preise verändern, vgl. Ralph und Stefan Heidenreich: »Daten und Preise – Was Automaten mit Märkten machen«, *Tumult*, Wien 2015.

sein. Hier gilt dieselbe Einschränkung wie bei Zahlungen, nämlich dass sie nicht doppelt getätigt werden können.[138]

Ansonsten ist es möglich, alle Vektoren des Bündels zu matchen. Vektor nenne ich einen Eintrag in dem Bündel, der auf die Möglichkeit einer Transaktion zeigt. Sie findet statt, wenn ein Bedürfnis und eine Fähigkeit sich begegnen, und die Akteure auf beiden Seiten einwilligen. Beim Matching handelt es sich um eine Art von Dating, bei der Transaktion um einen Vollzug.

Es gibt in diesem Spiel eine Reihe von Unsicherheiten, eine davon ist der Mensch. Er tendiert dazu, nicht ökonomisch, nicht effizient und nicht rational, also unprogrammierbar zu handeln. Genau aus dieser Kontingenz menschlichen Verhaltens ziehen die Algorithmen ihre wesentlichen Informationen. So hilfreich die Vorhersage unseres Verhaltens auch manchmal sein mag, in dem Moment, in dem Algorithmen Güter und Arbeit unter ein Diktat der Optimierung zwingen, gerät ihr Eingriff zum Kommando. Es stellt sich also die Aufgabe, die menschlichen Freiheiten nicht nur zuzulassen, sondern aktiv zu fördern. Und zwar die Freiheiten aller, nicht nur jene im Sinn der neoliberalen Idee einer Freiheit des Reicheren und des Investors.[139]

In dieser Welt ändert sich die Stelle des Dings. Wir haben es nicht mehr mit einem Gegensatz von lebendigen Menschen und unbelebten Objekten zu tun, statt dessen handelt es sich bei der ökonomischen Welt der an Daten angeschlossenen Dinge um »ein sich erweiterndes Kollektiv: Die Eigenschaften der menschlichen und nicht-menschlichen Wesen, aus denen es sich zusammensetzen soll, sind nicht feststehend.«[140] Freilich gilt das gerade nicht für eine Wirtschaftsform, die alle Dinge kommensurabel macht[141], sondern genau für die neue netzwerkförmige

---

[138] Das sogenannte »Mining« bei Bitcoin-Transaktionen bezieht sich genau auf das Verifizieren dieser Einschränkung.

[139] Philip Mirowksi, *Never let a serious crisis go to waste*, a.a.O., S. 60f.

[140] Bruno Latour, *Das Parlament der Dinge*, Frankfurt a. M., 2001, S. 55.

[141] Ebd., S.196.

Ökonomie. »Die alte Version der Ökonomie aus zu kaufenden und zu verkaufenden Objekten und bloß rationalen Subjekten hat uns blind gemacht für die Tiefe und die Komplexität der Bindungen, die zwischen menschlichen und nichtmenschlichen Wesen seit je geknüpft worden sind und die unentwegt erkundet wurden von Geschäftsleuten, Industriellen, Handwerkern, Neuerern, Unternehmern, Konsumenten.«[142] Seit die Dinge beginnen, in einer Hülle aus Information lebendig zu werden,[143] lässt sich die Utopie Latours noch einmal ein Stück konkreter fassen und tatsächlich umsetzen. Wir müssen davon ausgehen, dass Dinge in naher Zukunft mehr über die Welt wissen als wir selbst, wenn auch fürs erste nur in einem strikt quantitativen Sinn. Das wird sie zu ökonomisch handelnden Akteuren machen, und zwar noch über das von Latour entworfene Schema hinaus.[144]

Wenn Objekte zu denken beginnen, kann es durchaus passieren, dass sie ihre Launen haben, zickig werden und undurchschaubare Entscheidungen treffen. Wir werden uns damit abfinden müssen, dass die Dinge uns nicht mehr einfach gehören und gehorchen.

Für die Bewertung von Transaktionen bedeutet das, dass nicht nur jeder Einzelne von uns seine Abwägungen trifft und Vergleiche anstellt, sondern auch die Objekte. Nehmen wir an, manchen Sachen seien Zwecke zugeschrieben, wie zum Beispiel einer Wohnung die Aufgabe, dafür zu sorgen, dass sie tatsächlich bewohnt wird. Dabei müssen gleichartige Objekte keineswegs alle den gleichen Zweck und eine einheitliche Form anstreben. Ihr Zweck lässt sich verändern. Die Vorlieben der Dinge werden ihnen von Leuten – und vielleicht auch von anderen Objekten – zugeschrieben. Es wird zu klären sein, wer gegenüber einem Ding über welche Schreib- und Lese-Berechtigungen

---

142 Ebd., S.198.

143 Vgl. Bruce Sterling, *Shaping Things*, Cambridge MA 2005.

144 Bruno Latour, *Das Parlament der Dinge*, a.a.O., S. 124.

verfügt. Die Fähigkeit, den Zweck eines Objekts zu überschreiben, wird wichtiger sein als die Frage des Eigentums. Objekt meint in der Hinsicht übrigens viel mehr als nur Ding, sondern Objekt[145] in einem programmierbaren Sinn.

Wenn Daten-Dinge als eigenständige ökonomische Einheiten gelten, vereinfacht sich der Matchingalgorithmus. Die Abwägung zwischen möglichen Nutzern fällt dann dem Ding zu, das eine bestimmte Gebrauchsweise bevorzugt. Etwa wenn das Haus selbst imstande ist zu sagen, von wem es bewohnt werden will. Was nebenbei auch die Position des Eigentümers erübrigt und den datenintensiven Vergleich von Transaktionsgeschichte und Käuferprofilen vereinfacht.

Werte

Zusammen mit dem allgemeinen Äquivalent erledigt sich auch die Notwendigkeit allgemeiner Werte und Preise. Wenn Dinge und Menschen keinen Preis mehr haben, dann ist das ganz strikt im Kant'schen Sinn die beste Voraussetzung dafür, ihre Würde wieder herzustellen.

Der einzige Wertmaßstab, der bleibt, liegt in der einzelnen Relation begründet, die sich unter Menschen oder zwischen Menschen und Dingen ergibt.[146] Sie ist nicht allgemein übersetz-

---

[145] Objekt eher im Sinn der Programmiersprachen – also Daten mit Eigenschaften und Funktionen – und im Sinn von Latour, als Dinge, die Menschen dazu bringen, etwas zu tun. Nicht unbedingt im Sinn von Graham Harmans objekt-orientierter Ontologie, die die Programmierbarkeit von Dingen willentlich ausblendet, vgl. Graham Harman, *Vierfaches Objekt*, Berlin 2015.

[146] Was einen Wert meint, der durch Geld nur für den Moment verfügbar wäre, so dass die Aktualisierung durch Geld unerheblich wird, vgl. Achim Szepanski, *Kapitalisierung,* Bd. 1, Hamburg 2014, S. 178.

bar, sondern gilt nur in und aus einer Situation heraus, und bezieht sich über rekursive Ketten zurück auf vorhergehende Transaktionen.

Wenn jemand einem Ding oder einem Ereignis oder einer Tätigkeit einen Wert beimisst, handelt es sich um eine individuelle, momentane und situative Zuordnung. Ohne Geld und also ohne äußeren Preis wäre es auch wenig sinnvoll, dem eigenen Handeln eine Zahl zuzuordnen oder die abstrakte Zeichenrelation namens Wert überhaupt aufzumachen. An die Stelle der Abbildung auf einen Wert treten Entscheidungen, das eine und nicht das andere zu tun, oder das eine und nicht das andere zu wollen.

Das trifft auch auf Arbeit zu. Schon allein die Idee, Arbeit in Stunden messen zu wollen und dem einen bestimmten Wert zuzuordnen, macht in den meisten Fällen keinen Sinn, und zwar auf beiden Seiten nicht, weder vom Ding noch vom Arbeiter her. Eine Sache mache ich gerne, eine andere Sache nicht. Um doch noch ein Beispiel zu nennen: Lieber schreiben wir stundenlang neuen Text, als eine Viertelstunde alten zu korrigieren. Und oft kommen wir in 15 guten Minuten weiter als sonst in drei Stunden.

Die Vorstellung von Arbeitszeit als Wertmaß geht davon aus, dass wir es mit einer maschinellen und daher messbaren Tätigkeit zu tun haben. Wie gerne jemand diese Stunde ableistet, bleibt sich vollkommen gleich, wenn sie ohnehin unter strukturellem Zwang geleistet wird. Daher auch das geläufige Problem dieser Form der Wertlehre, überhaupt in Erwägung zu ziehen, dass Arbeit etwas sein kann, das man gerne tut und sogar unter allen Umständen tun will.[147] Überlassen wir die Zwangs- und Maschinenarbeit den Maschinen, je mehr desto besser, gerade auch die Arbeit, die in ihrer Art automatenhaft ist und Menschen nur aufgebürdet wird, wenn es gelingt, ihren Lohn unter die Kosten der Maschinen zu drücken.[148]

---

[147] Vgl. Rainald Goetz, »der Mensch will arbeiten«, in: *Loslabern*, Frankfurt a. M. 2009, S. 55.

[148] Saskia Sassen, »When Money Becomes An Extraction Tool Rather

Statt eines allgemeinen Preises und eines entsprechenden Wertmaßes haben wir Subjekte und Objekte als mehrdimensionale Bündel von Bewertungen, die rekursiv, kollaborativ, situativ und reichweitenbezogen sind.

Ein rekursiver Wert errechnet sich aus einer Iteration durch verknüpfte Bewertungen. Ein gutes Beispiel eines rekursiven Wertes, wenn auch eines nicht im engeren Sinn ökonomischen, liefert der PageRank-Algorithmus von Google. Der Wert einer Information ergibt sich im Kern daraus, wie oft sie aufgerufen wird. Dieses Bewertungsverfahren muss man nicht groß umstellen, um es auf Arbeit und immaterielle Werte übertragen zu können. In dem Fall muss allerdings die Relation um eine Intensität erweitert werden. Dann können Wertschöpfungsketten rekursiv aus der Beteiligung der einzelnen Akteure hergeleitet werden.

Kollaborative Wertschätzungen sind wir ebenfalls längst gewohnt. Das bekannteste Beispiel findet sich bei Amazons Empfehlungen, nach dem Muster: Leute, die diese Bücher gekauft haben, interessieren sich auch für jenes andere. Aus den Nachbarschaften ergeben sich Muster der Wertschätzung.

Situativ ist ein Wert, der in Zeit und Ort variabel ist, von Ereignissen, Launen, oder Zufällen geprägt sein mag. Die Algorithmen für Flugpreise, aber auch die fluktuierenden Preise für Benzin geben aktuell Beispiele für situative Wertsetzungen, wobei sie eben immer noch in einen Preis umgerechnet werden.

Reichweitenbezogen meint, dass ein und dieselbe Transaktion in verschiedenen Nachbarschaften oder Netzwerken unterschiedlich bewertet werden kann. Auch dafür gibt es heute schon Beispiele. Ein Gut kann im persönlichen Gebrauch einen bestimmten speziellen Wert besitzen, im weiteren Umfeld der Transaktion einen allgemeinen Marktwert und in seinen globalen und ökologischen Folgen einen Nachhaltigkeitswert. In einer

---

Than Exchange Medium«, in: Geert Lovink, Nathaniel Tkacz, Patricia de Vries (Hg.), *Money Lab Reader: An Intervention in Digital Economy*, Amsterdam 2015, S. 9-12.

geldlosen Ökonomie wäre es nicht mehr nötig, alle diese verschiedenen Werte auf einen einzigen, eindimensionalen Preis. Mehrere Wertzuschreibungen können parallel nebeneinander bestehen, so dass eine Bewertung mehre Dimensionen erhält.[149]

Verteilung

Im Ganzen gesehen, hat das Matching die Aufgabe, eine möglichst gute Verteilung der Güter und Arbeiten zu erreichen. Wie ein solches Optimum festgelegt wird, ist eine politische Frage, die sich in den Parametern des Algorithmus äußert. Es muss also vor jeder Umsetzung eine politische Vereinbarung darüber geben, welchem Ziel die Wirtschaft zu dienen hat. Sie träte an die Stelle der gegenwärtigen Vereinbarung, die unausgesprochen und ohne je demokratisch beschlossen worden zu sein lautet: Lasst uns Staaten in investorenfreundliche Zonen verwandeln, eine Verteilung der Reichtümer von unten nach oben fördern und dafür steigende Armut und Verschuldung in Kauf nehmen.

Welche Entscheidung eine Gesellschaft über ihre ökonomischen Verhältnisse auch immer trifft, sie müsste überhaupt erst einmal wieder der gesamten Bevölkerung, also dem demokratischen Souverän, zur Wahl gestellt werden. Und nicht als gegeben vorausgesetzt, sprich: anderswo schon entscheiden worden sein.

Die Parameter dieser politischen Ökonomie betreffen die Verteilung der Güter und Arbeiten auf Alle, die Präferenzen bei der Zuordnung auf Einzelne und den Grad an ökonomischer Frei-

---

149 Vgl. die »multiple dynamic forms of stability« bei Manuel DeLanda, *A thousand years of nonlinear history*, New York NY 1997, S. 42 und zur Multidimensionalität: David Ellerman, »On Double-Entry Bookkeeping: The Mathematical Treatment«, *Accounting Education: An International Journal*, 23:5, S. 483-501.

heit. Die Matchingroutinen müssten entsprechend dieser politischen Vorgaben justiert werden. Das heißt für die Gesamtverteilung, dass Gütern und Dienstleistungen ein Hang zugeschrieben wird, sich mehr oder weniger gleich zu verteilen, je nachdem wie lebensnotwendig sie sind. So dass zum Beispiel alle eine Wohnung und genug zu essen haben, aber nur die, die sich besonders darum bemühen wollen, knappe Luxusgüter erhalten oder sich andere spezielle Wünsche erfüllen können.

Im Einzelnen bedeutet das für jeden ökonomischen Akteur die Tendenz, ein Gleichgewicht zwischen der Gabe eigener Arbeit und der Inanspruchnahme der Arbeit anderer anzustreben. Dieses grundsätzliche Prinzip hängt an der Bewertung der Arbeit, die als Relation zum Bedürfnis anderer von deren Wertschätzung abhängt, also selbst relational ist. Die Formel »Jeder nach seinen Fähigkeiten, jedem nach seinen Bedürfnissen.«[150] bedeutet dann, dass genauso wie Bedürfnisse eine Relation auf die Arbeit anderer darstellen, auch die eigenen Fähigkeiten als Relation zu Bedürfnissen anderer begriffen werden.

Letztlich leitet sich die Ausrichtung des Matching im Detail von politischen Entscheidungen einer Gesellschaft über den Umgang mit sich selbst her. Grundlegende Voraussetzung, um eine Gesellschaft über ihre eigene Wirtschaftsform abstimmen zu lassen, ist das Primat der Politik über die Ökonomie, und nicht umgekehrt, wie zurzeit.

Knappheit

Dass Güter knapp sind, also nicht gleichzeitig allen zur Verfügung stehen und sich nicht beliebig vermehren lassen, ist eine Grundannahme gegenwärtiger Ökonomie. Auf Wissen, Information und Daten aller Art trifft das so nicht zu. »Wissen hingegen

---

[150] Karl Marx, »Kritik des Gothaer Programms«, in: Karl Marx, Friedrich Engels, *Werke*, Bd. 19, Berlin 1973, S. 13-32.

ist eine Ressource, die (besonders wenn es sich um reproduzierbares Wissen handelt) ihrem Wesen nach nicht knapp ist (da ihre Reproduktionskosten gleich Null oder fast Null sind.)«[151] Trotzdem wird nach wie vor versucht, digitale Güter künstlich zu knapp zu halten, indem man einen an materiell reproduzierbaren Gütern geformten Rechtsbegriff auf Information überträgt. Es ist nicht so, dass die Knappheit den Kapitalismus hervorbringt, sondern umgekehrt: Die gegenwärtige Wirtschaftsordnung begünstigt oder fordert gar künstliche Knappheit, wo eigentlich Überfluss vorhanden ist. Ohnehin ist schon heute Knappheit weitgehend Fiktion, wenn nicht schlichter Unfug. Mittlerweile werden auch die meisten materiellen Dinge in ausreichender Menge hergestellt und dann künstlich verknappt.[152]

Der Kult der Knappheit lässt sich auf das Geld zurückführen. Zwischen beiden gibt es einen Zusammenhang, denn der Markt bildet ein knappes Gut auf das andere ab. »Die Innovation besteht in der Duplikation von Knappheit. Neben die Knappheit der Güter wird eine ganz andersartige Knappheit des Geldes gesetzt. Das heißt, *Knappheit wird selbst codiert.*«[153] Daraus folgt im Umkehrschluss, dass sich die Knappheit von selbst erledigt, wenn erst einmal ihre Codierung entfällt, also das Geld. Nicht dass wir dann auf einmal alle Güter im Überfluss hätten, sondern in dem Sinn, dass die Verteilung der Ressourcen nicht mehr künstlich beschränkt werden muss. Nach wie vor wird es für etliche Güter und Arbeiten nur begrenzte Ressourcen geben, aber diese Güter bilden dann nicht mehr den Modellfall, an dem sich die gesamte Wirtschaft zu orientieren hat.

---

[151] Vgl. Enzo Rullani, »Wie wird durch Wissen Wert geschaffen?«, in: Isabell Lorey, Klaus Neundlinger (Hg.): Kognitiver Kapitalismus, Wien 2012, S.133-157, hier S. 143.

[152] Mark A. Lamley, »IP in a World Without Scarcity«, (24. 03. 2014), *Stanford Public Law Working Paper*, ssrn.com/abstract=2413974

[153] Niklas Luhmann, *Die Wirtschaft der Gesellschaft*, Frankfurt a. M. 1994, S. 197.

Daten und Informationen sind die bestimmenden Güter der geldlosen Ökonomie. Ihr Wert ergibt sich aus Eigenschaften und in Prozessen, die sich von den Bewertungsverfahren der alten materiellen Güter grundsätzlich unterscheiden. Im Vergleich zu alten Reproduktionsgütern schafft es Wert trotz einer Reihe von Abweichungen von den Eigenschaften materieller Güter. »Eben weil es diese Anomalien aufweist, produziert Wissen Wert, indem es sich ausbreitet, erneuert und neue Investitionen in Lernprozesse zeitigt – eben weil es vervielfältigbar (nicht knapp), einer gemeinsamen Nutzung zugänglich (nicht teil- und abtrennbar) und reflexiv ist, insofern es auf die Zwecke zurückwirken kann, anstatt als reines Mittel zu dienen.«[154] Information, sowohl kulturelle als auch politische oder soziale, lebt davon, dass sie weitergereicht und wahrgenommen wird. Damit kehren sich die Verhältnisse um, und zwar so, dass Verteilung selbst Merkmal von Wert wird. Das Kopieren, das Lesen, das Weiterreichen und die Aufmerksamkeit weisen einem Ding oder einer Information Wert zu. An die Stelle der Knappheit und des obsoleten Copyrights würde daher eine neue Auslegung des Urheberrechts treten, bei dem es nicht darum geht, Verteilung zu verknappen und zu bepreisen, sondern zu fördern und dem Autor gut zu schreiben, wie heute schon beim Filesharing und in sozialen Medien.

Ein derart interpretiertes Urheberrecht würde außerdem eine Form der digitalen Ausbeutung abstellen, die gegenwärtig fast sämtliche der sogenannten sozialen Medien im Netz betreiben. Als unveräußerliches Recht auf eigene Daten müsste die Autorschaft ins Netz ausgedehnt werden, wo die großen Plattformen routinemäßig die Rechte auf die Verwertung privater Informationen beanspruchen. Hier müssten vollkommen andere Regelungen getroffen werden, die darauf hinauslaufen, das digitale Profil

---

[154] Enzo Rullani, »Wie wird durch Wissen Wert geschaffen?«, a.a.O., S. 142.

und die von einem Nutzer eingetragenen Daten als Teil der Persönlichkeit zu betrachten. Die Forderung, von den Social Media Plattformen direkt honoriert zu werden[155], hätte damit eine rechtliche Grundlage. Unter geldlosen Bedingungen würde Informationsarbeit in sozialen Netzen als Beitrag zu einer gemeinsamen Datenumwelt gelten, und in die eigene Reputation einfließen.

Ein solches digitales Urheberrecht könnte dann auch auf Güter mit beschränkten Ressourcen und die damit verbundene Wertschöpfungskette übertragen werden. Anstatt also digitale Güter dem alten Prinzip der Knappheit zu unterwerfen, sollten viel eher für materielle Güter die Regeln digitaler Zirkulation gelten.

Infrastruktur

Im Gegensatz zur Produktion und Verteilung einzelner Güter erfordern große Infrastrukturen immer auch eine spezifische Organisationsform. Staaten, falls es sie als territoriale und juristische Institution noch gibt, würden Arbeiten an Infrastruktur schlicht allozieren, also als mögliche Aufgaben ausschreiben. Steuern im klassischen Sinn fallen dafür nicht an. Denn es wird ja sozusagen nur Arbeit ›kreditiert‹. Derartige nicht-monetäre Zuweisungen von Aufgaben sind keinesfalls neu. Im römischen Reich wurden mit den sogenannten »Liturgien« Anwohner zum Bau und zur Instandhaltung der Straßen verpflichtet. Noch heute gibt es Residuen dieser Art von Indienstnahme, wie als Schöffe bei Gericht oder als Wahlhelfer. Wobei es sich bei geldlosen Investitionen in Infrastruktur nicht um Verpflichtungen, sondern um eine Art von Ausschreibungen handeln würde.

Um große Infrastrukturen zu schaffen, bedarf es nicht unbedingt der Organisationsform von Staaten oder Unternehmen. Open Source Programme zeigen, wie auch in einem Netzwerk

---

155 Tiziana Terranova, *Network Culture. Politics for the Information Age*, London 2004, S. 78.

von Interessierten ohne spezifische institutionelle Form Großprojekte umgesetzt werden können.

Man kann sich Infrastrukturen durchaus auch als intelligente, selbstverwaltende Infra-Objekte vorstellen, die wirtschaftlich selbstständig aktiv agieren und sich selbst erhalten, indem sie Nutzung und Aufwand für Instandhaltung in ein Gleichgewicht bringen.

Eine übergeordnete Verwaltung und die politischen Entscheidungsinstanzen werden wir dabei wahrscheinlich nicht vollständig los. Denn die Güter für die Allgemeinheit müssen nach wie vor gesichert sein. Aber es könnte eben eine weit autonomere, parametrische Verwaltung werden,[156] die mit algorithmischen Optimierungsprozessen zusammen arbeitet, wobei sich zwischen partizipativen Schnittstellen und algorithmischer Optimierung ein Großteil der Verwaltungsarbeit erübrigt.

Zukünftige Objekte

In planwirtschaftlichen Prozessen war das Entwerfen von Neuem immer ein Problem. Von selbst laufen solche Systeme auf einen Punkt größtmöglicher Trägheit zu und erlahmen damit innerlich. Die geldlose Ökonomie braucht keinen übergeordneten Plan, und leidet daher nicht an den Krankheiten der Planwirtschaft. Im Gegenteil, die Matchingroutinen müssen für künftige Objekte offen sein, für Dinge, die es noch nicht gibt, auf die sich aber schon heute das Begehren richtet. Das können genauso gut Erfindungen oder neue Arbeitsformen oder nötige Infrastrukturen sein. Wünsche und Bedürfnisse zeigen immer schon in die Zu-

[156] Vgl. zu den damit verbundenen Bedenken Antoinette Rouvroy, »Technology, Virtuality and Utopia. Governmentality in an Age of Autonomic Computing«, in: Mireille Hildebrandt, Antoinette Rouvroy (Hg.), *Law, Human Agency and Autonomic Computing*, London 2011, S. 119-140.

kunft, auf etwas, das fehlt oder noch nicht da ist. Das Hinausreichen in die Zukunft wirkt als Antrieb zur Verbesserung und daran anschließend vielleicht sogar zur Beteiligung an der Entwicklung und Erfüllung des Wunsches.

Zu diesem Zweck ist es nicht einmal nötig, das Matchingsystem groß zu verändern. Es muss nur auf das Künftige geöffnet werden, und zwar so, dass es nicht nur Wünsche nach bestehenden Dingen zulässt, sondern auch nach noch nicht existenten. Die Wünsche und Bedürfnisse setzen dann automatisch einen Entwicklungsprozess in Bewegung, wenn sie nur von genügend Unterstützern geteilt werden. Das in die Zukunft gerichtete Matching gleicht in dieser Hinsicht einem sich selbst organisierenden Crowdfundingprojekt mit angeschlossener Produktentwicklung.

Spielfelder

Am ehesten kann man sich die Verfahren der geldlosen Ökonomie als eine Art Computerspiel vorstellen, hinter dem eine Reihe von Matchingalgorithmen laufen. Es müssen nicht überall die gleichen Regeln herrschen. Es mag Produktgruppen und Arbeitsformen geben, die ihre eigenen Algorithmen haben, genauso Gemeinschaften und Organisationen, die nach ihren je eigenen Regeln leben und handeln. Unterhalb all dieser verschiedenen Spielfelder liegt eine Basisfunktion, die Grundbedürfnisse sichert und lebensnotwendige Infrastrukturen garantiert, und dazu von den diversen Spielfeldern Beiträge erhält. Wir hätten dann eine andere Form von Wettbewerb und zwar genau das Gegenteil der heutigen Konkurrenz der Staaten, die die eigenen Bürger als ausbeutbare Ressource an Investoren ausliefern. In der Konkurrenz der Spielfelder ginge es stattdessen darum, welches seinen Mitspielern das bessere Leben beschert.

Die Organisationsformen des Politischen und der Infrastruktur müssen dabei nicht mehr den heutigen entsprechen. Da die

Transaktionskosten von Information sinken,[157] entstehen neue Formen der Kollaboration und neue Institutionen, und zwar keinesfalls nur solche der menschenfreundlichen Sorte, sondern auch Datenkontrollanstalten mit diktatorischen Möglichkeiten. Utopie und Dystopie liegen gerade hier nah beieinander, sehen sich in ihrer technologischen Ausführung leicht zum Verwechseln ähnlich, und regieren doch grundverschieden.

Zu möglichen Algorithmen

Wie genau ein Algorithmus aussehen kann, wissen wir nicht. wir können die Möglichkeit bestenfalls in ihren Umrissen skizzieren. Denn welche Praktiken sich letztlich mit dem Matching durchsetzen, lässt sich weder planen noch absehen. Wie immer ergibt sich die soziale Praxis erst im Umgang mit Technologien und zwar durch kreativen Missbrauch und Nutzungsformen, die von allen Planungen abweichen. Es lassen sich also bestenfalls ein Weg, eine Richtung und einige Randbedingungen angeben.

Der Algorithmus hat nur die Aufgabe, in einen Dialog zu treten und alle für die Transaktion nötigen Informationen an die Beteiligten weiterzugeben, so dass sie selbst entscheiden können. Dabei fließen folgende Faktoren ein: Akteure und Objekte als Bündel von Fähigkeiten und Bedürfnissen, die Geschichte ihrer Transaktionen, die den Objekten zugeschriebenen Funktionen und alle Informationen über vergleichbare Transaktionen. Dazu kommen die politischen Parameter des Matching, also die Grundeinstellungen, die eine Gemeinschaft ihrer Wirtschaftsverfassung gibt.

Datensparsamkeit ist in diesem System keine Option, wohl aber ein umfassendes Recht an allen eignen Daten. Die für die Kalkulation nötigen Daten müssen vorliegen, sollten aber so

[157] Ronald H. Coase, »The Nature of the Firm«, *Economica*, Vol. 4, Issue 16, S. 386-405, Nov. 1937, und mit Bezug darauf Clay Shirky, *Here comes Everybody*, New York NY 2008, S. 30ff.

gekapselt und gesichert sein, dass sie wie ein Schlüssel funktionieren. Dieser persönliche Schlüssel öffnet die Transaktion und schreibt sie mit. Im Matching werden die Daten bis zu der für die Entscheidung notwendigen Tiefe eingelesen. Wenn die Transaktion zustande kommt, wird sie auf dem persönlichen Schlüssel notiert, der nach Abschluss zurück in die Obhut der Akteure geht, ohne dass Daten zentral gespeichert werden müssen und kontrolliert werden können.

Die einzelne Transaktion bekommt in ihrer rekursiven Wertermittlung einen monadischen Charakter, da sie potentiell die gesamten verfügbaren ökonomischen Verhältnisse abbildet und ihnen Informationen hinzufügt, also für einen Moment eine kleine ökonomische Welt abbildet.

Neben einer Notiz in der Geschichte der Beteiligten übermittelt jede Transaktion eine Information, die die Wertschöpfungskette zurückläuft, und damit auf die Produktion zurück wirkt.

Umsetzungen

So fern und utopisch die Idee einer geldlosen Gesellschaft auch klingt, wir befinden uns schon mitten im Übergang. An den Rändern unseres Wirtschaftens werden bereits eine ganze Reihe von Verfahren eingesetzt, die Boten einer kommenden Ökonomie darstellen, auch wenn sie noch in Geld bepreist werden. Ersatzgelder wie Bitcoin zählen teilweise dazu, und zwar gerade nicht aufgrund ihrer Geldform, sondern wegen der *block chain* als dezentralem Aufzeichnungssystem von Transaktionen.

Näher an die geldlosen Verteilungsmechanismen reicht eine ganze Reihe von Sharing-Modellen, die die sinkenden Informationskosten nutzen, um Zugriff und Gebrauch statt Eigentum zu koordinieren. Der nächste Schritt wären nicht nur kurzfristig verliehene Autos, sondern Automobile im Wortsinn, also selbstfahrende Vehikel, die sich auch noch selbst gehören und verwalten.

Auf eine Ökonomie jenseits des Geldes laufen auch Crowdfundingprojekte zu, die Beteiligung an künftigen Projekten bündeln. Das größte Vorbild derartiger Organisationsformen findet sich in den Open Source Programmen, an denen Tausende von Codern gemeinsam arbeiten. Mittlerweile werden ähnlich verteilte Entwicklungsformate auch eingesetzt, um Programme zusammen mit Nutzern zu entwickeln und zu testen.

Was Umfeld und Verhaltensformen geldloser Ökonomien angeht, geben am ehesten Computerspiele eine Ahnung künftiger ökonomischer Oberflächen. Viele Games nutzen zwar nach wie vor Geld oder geldähnliche Bewertungen, aber gleichzeitig zeigen die Struktur der Quests in ihrem Motivationsaspekt oder die mehrdimensionalen Wertekataloge der Figuren auf Verteilsysteme ohne allgemeines Äquivalent voraus.

Bei all dem ist nicht gesagt, dass die Umsetzung von alleine nur zu positiven Effekten führt. Wenn wir davon ausgehen, dass Algorithmen ohnehin eines Tages die Verteilung von Arbeit und Gütern regeln werden, scheint neben der utopischen auch noch eine andere Lösung möglich. Dann droht ungefähr, was im Verlauf der postfordistischen Umstellung zur automatisierten Produktion schon einmal abgelaufen ist, nur für ein weiter ausgedehntes Feld von Berufsgruppen. Eine große Anzahl der von Maschinen bislang nicht berührten Tätigkeiten könnte durch intelligente Routinen ersetzt werden.[158] Selbst wenn die Ersetzung nicht zum dauerhaften Verlust von Jobs führt, werden mehr und mehr Menschen in Tätigkeiten gedrängt, die sich an den Rändern der digitalen Arbeitswelt befinden. Dort würde ein neuer Sektor von marginalem Nutzen entstehen, der entweder algorithmische Routinen in ihren Kosten unterbietet oder sich in deren Schattenbereichen ansiedelt. Das führt am Ende zu der Verschärfung der schon heute sichtbaren paradoxen Lage. Wir können immer mehr und besser produzieren, sind theoretisch mit

---

[158] Aaron Smith, Janna Anderson, »AI, Robotics, and the Future of Jobs«, 06. 08. 2014, www.pewinternet.org/2014/08/06/future-of-jobs/

Hilfe der Maschinen in der Lage, den Lebensstandard aller zu heben, und dennoch verschlechtern sich die Lebensverhältnisse der meisten Menschen. Im Ergebnis führt das auf der einen Seite zu einer Klasse von sich bereichernden Investoren und Gründern, und auf der anderen Seite zu einem Heer von Elenden, die sich sklavenartig den neuen intelligenten Automaten und ihrem Produktionssystem unterordnen müssen und dazu noch am eigenen Elend ihre Unbrauchbarkeit vorgeführt bekommen.

Das Aufkommen einer geldlosen Ökonomie muss man sich weder als Folge eines revolutionären Umsturzes, noch als Ergebnis des großen Crashs oder als einen radikalen Bruch mit dem gegenwärtigen Wirtschaftssystem vorstellen. Ohnehin wäre es illusorisch, eine Wirtschaft ohne Geld plötzlich und von Null hochfahren zu wollen. Wir werden es vielmehr mit Nischen und Testgruppen zu tun bekommen, die Teile des eigenen ökonomischen Verhaltens umstellen, und anfangs noch in die Geldökonomie eingebettet bleiben. Die bestehenden Strukturen der Distribution und Allokation können von den neuen Verfahren übernommen werden, wenn sie sich als vorteilhaft erweisen, zuerst vielleicht nur für einzelne Produktgruppen, mit wenigen Teilnehmern und nur gelegentlich.

Über mögliche Ausgangspunkte einer geldlosen Ökonomie haben wir verschiedene Annahmen. Sie könnte aus prekären Verhältnissen erwachsen, unter Leuten, die ohnehin über kein Geld verfügen und deshalb ein existenzielles Interesse haben, ihr Zusammenleben geldlos zu organisieren. Der andere mögliche Ursprung liegt in den Kreisen technikaffiner Nutzer und Gamer. In den Spielen können geldlose Verteilungsverfahren getestet und anhand der Bedürfnisse weiter entwickelt werden. Von den Games könnten sie zurück in die materielle Wirtschaft ausstrahlen. Vermutlich liegt der ideale Nährboden in der Schnittmenge zwischen beiden Ursprüngen, also in einem digitalen Prekariat, das sowohl die technischen Fähigkeiten als auch den Bedarf nach einer Ökonomie jenseits des Geldes hat.

Skalieren werden diese Modelle erst dann, wenn sich die Befreiung vom Geld für die Teilnehmer in immer weiteren Teilen ihres Lebens als vorteilhaft erweist, und zwar nicht nur als Überbrückung prekärer Not, sondern auch als dauerhaft bessere Lösung. Spätestens dann allerdings, wenn die gegenwärtige Umverteilung der Reichtümer von unten nach oben stockt und damit der Kern der Finanzmacht gefährdet wird, drohen Auseinandersetzungen mit dem Regime der Geldwirtschaft.

Folgen

Das Anhäufen von Vermögen unmöglich und die angehäuften Reichtümer wirkungslos zu machen, sind zwei klaren Konsequenzen einer geldlosen Ökonomie. Versuche einzelner Personen oder ganzer Organisationen, einen übermäßigen Anteil der Arbeit oder der Produkte anderer zu vereinnahmen, lassen sich ohne ein Zahlungsmittel, das zugleich als Wertspeicher dient, nicht durchsetzen. Mit der Ablösung des Geldes bestünde die Hoffnung, dass das Geld-Kommando »Mehr« verstummt. Das hätte umfangreiche Konsequenzen für das alltägliche Zusammenleben. Befangen in einem geldmäßigen Verhältnis zu Dingen, Tätigkeiten und letztlich auch zu uns selbst, fehlt uns die Distanz, um uns bewusst zu machen, welchen eigentümlichen, unsinnigen und menschenfeindlichen Umgangsformen und Gewohnheiten uns das Geld unterwirft. Von einer Welt aus gesehen, die das ›ökonomische Problem‹ gelöst hat, werden uns viele der heute geläufigen Verhaltensweisen als eine Form kollektiver Verblendung erscheinen. »The love of money as a possession – as distinguished from the love of money as a means to the enjoyments and realities of life – will be recognised for what it is, a somewhat disgusting morbidity, one of those semicriminal, semi-pathological propensities which one hands over with a shudder to the specialists in mental disease. All kinds of social customs and economic practices, affecting the distribution of wealth and of economic rewards and penalties, which we now maintain at all costs, however distasteful and unjust they may be in themselves, because they are tremendously useful in promoting the accumulation of capital, we shall then be free, at last, to discard.«[159]

Mag sein, dass ohne allgemeines Äquivalent das Wertdiktat im Umgang mit Gütern und Tätigkeiten aufhört, dass sich die obsessive Fixierung auf den Besitz auflöst und das Verhältnis des Eigenen im Gegensatz zum Fremden und dem einer neu zu konstruierenden Allgemeinheit auf ganz neue Weise erfunden wird. »When the accumulation of wealth is no longer of high social importance, there will be great changes in the code of morals. We shall be able to rid ourselves of many of the pseudo-moral principles which have hag-ridden us for two hundred years, by which we have exalted some of the most distasteful of human qualities into the position of the highest virtues.«[160] Es spricht viel dafür, dass mit der Befreiung vom Geld eine gesellschaftliche Umwälzung einhergeht, die die soziale Revolution von '68 weit in den Schatten stellt.

Von einer geldlosen Gesellschaftsordnung aus würden künftige Erdbewohner auf unsere Zeit nicht viel anders zurückschauen als wir von heute auf die Sklavenhaltergesellschaften, nämlich auf ein beschämendes Schauspiel einer Wirtschaftsordnung, in der Menschen entwürdigt und zur Arbeit genötigt wurden, Ressourcen in großem Umfang und mit dramatischen ökologischen Folgen verschwendet wurden, und all das für eine technokratisch-ökonomische Ordnung, die es nicht vermeiden konnte oder wollte, dass sich Wenige bereicherten, während weite Teile der Bevölkerung um ihre Existenz bangten.

---

[159] John Maynard Keynes, »Economic Possibilities for our Grandchildren«, in: Ders., *Essays in Persuasion*, New York NY 1963, S. 358-373, hier S. 373.

[160] Ebd., S. 372.

Eine Ökonomie intelligenter Objekte zielt nicht auf die Überwindung des Menschen und eine posthumanistische Utopie. Sie hängt auch nicht der Idee der Singularität und dem vereinfachenden Bild eines Wettrennens von Menschen und Maschinen an, in dem die Algorithmen uns irgendwann überholen und am Wegesrand zurücklassen. Vielmehr haben wir es mit einer Lebenswelt zu tun, die nach und nach und dichter und dichter von Datenströmen belebt wird. Und zwar so, dass wir nicht mehr von einem eindeutig trennbaren Gegenüber von Menschen und Daten-Objekten ausgehen können. Beide handeln gemeinsam, wie auch jetzt schon, als hybride Akteure.

Wie jeder utopische Entwurf birgt auch die geldlose Ökonomie Risiken. Die technischen Möglichkeiten bringen neue Konflikte. Wo es mehrere Wertedimensionen gibt, treten Widersprüche auf. Wenn viele Daten anfallen, droht ein Regime der Überwachung. Für die Forderung nach einer utopischen Ökonomie haben wir die Bedenken fürs erste zurück gestellt, um die Möglichkeit einer geldlosen Wirtschaft überhaupt denken zu können.